Qué hacer para desarrollar la autoestima en los niños de 0 a 6 años

Libro anteriormente publicado con el título
Escuela para padres
Cómo desarrollar la autoestima
en los niños de 0 a 6 años

Danielle Laporte

Qué hacer para desarrollar la autoestima en los niños de 0 a 6 años

México ◆ Miami ◆ Buenos Aires

Título original: *Favoriser l'estime de soi des 0-6 ans*
© Hôpital Sainte-Justine, 2002

Qué hacer para desarrollar la autoestima en los niños de 0 a 6 años
© Danielle Laporte, 2010

Quarzo

D. R. © Editorial Lectorum, S. A. de C. V., 2010
Centeno 79-A, col. Granjas Esmeralda
C. P. 09810, México, D. F.
Tel. 5581 3202
www.lectorum.com.mx
ventas@lectorum.com.mx

L. D. Books, Inc.
Miami, Florida
sales@ldbooks.com

Lectorum, S. A.
Buenos Aires, Argentina
ventas@lectorum-ugerman.com.ar

Primera edición: julio de 2010
ISBN: 978-607-457-129-5

© Traducción: Marcela Cortázar
© Portada: Lucero Elizabeth Vázquez Téllez

Impreso y encuadernado en México.
Printed and bound in Mexico.

ÍNDICE

    Mi hijo puede tenerme confianza
    Conozco sus necesidades
    Lo escucho
    Mi hijo está seguro
    Aplico cariñosamente la disciplina
    Puedo darle confianza a mi hijo
    Sé en qué campo puedo darle confianza
    Protejo sin sobreproteger

    Mi hijo se siente amado y aceptado
    Del hijo soñado al hijo real
    Aprendo a quererlo en todas sus facetas
    Muestro mi amor
    Hago saber a mi hijo que lo acepto
      como es

Mi hijo aprende a conocerse y quererse
Le ayudo a conocerse
Le ayudo a quererse

Mi hijo necesita tener amistades
diferentes
La variedad en la estabilidad
Las actitudes sociales
Mi hijo necesita confiar en
su sociabilidad
Las familias unidas
Relaciones fraternales armoniosas
Mi hijo necesita desarrollar
habilidades sociales
Conductas a reforzar
Condiciones para una vida
social positiva
Cómo ayudar a su hijo a tener en
cuenta a los demás

Mi hijo tiene logros
Intentar para conseguirlo
El que persevera, alcanza
Reconocer sus logros
Mi hijo necesita ser guiado
a sus objetivos
Guiar a mi hijo
Lo estimulo a imitar a otros

Impulsar su creatividad
Mi hijo necesita jugar
Sólo quiere jugar
Puede jugar solo
Mi hijo desarrolla el sentimiento
   de poder
Sobre las personas
Sobre las cosas
Mi hijo está contento de tener
   responsabilidades

Era una vez un rey y una reina que deseaban con todo su corazón tener hijos, pero sus esfuerzos eran vanos, y por ello eran infelices. Un buen día, sus peticiones fueron doblemente satisfechas, pues tuvieron mellizos: una linda y delicada niña, y un niño fuerte y vivaz.

El rey y la reina ofrecieron una gran fiesta a la que convidaron a todas las hadas y magos del reino. La pareja real quería que sus hijos recibieran como regalo los dones más maravillosos. Esperaban también, como todos los padres del mundo, que sus hijos fueran felices.

Las hadas se inclinaron sobre la cuna de la niña y le susurraron al oído: "Princesita, las hadas te damos la belleza, la gracia, la dulzura y la poesía". Los magos, rodeando la cuna del pequeño, le dijeron suavemente: "Pequeño príncipe, nosotros te legamos la fuerza, la determinación, el entusiasmo y la habilidad para trabajar".

Los dos pequeños crecieron armoniosamente al paso de los años. En su cuarto aniversario, las hadas y los magos fueron convidados a una cena de celebración. Tanto unos como otras constataron felizmente que aquellos niños habían crecido con los dones que les fueron dados. Pero se sorprendieron al observar que la niña era traviesa, ágil y muy decidida, y que su hermano era sensible, creativo, cálido y risueño, así que fueron a buscar a los reyes para saber qué hechicero había completado los dones que ellos habían dado a los pequeños.

El rey y la reina, radiantes de contentos, les explicaron que ellos mismos eran los magos y que la magia que utilizaron en sus hijos fue la del amor y la esperanza: "Les inculcamos una gran confianza en sí mismos", dijeron. "Siempre evitamos compararlos con alguien más, y los estimulamos a descubrir lo mejor de ellos mismos. Esta es la magia que los padres poseemos y, como ustedes pueden ver, es muy poderosa."

Desde aquel día, por decreto real, tras cada nacimiento se recuerda a los padres que tienen el poder mágico de estimular la autoestima de sus hijos.

INTRODUCCIÓN

La autoestima es la certeza interior del valor de uno mismo, la conciencia de ser una persona única, de ser alguien que tiene capacidades y límites. La autoestima está ligada a la idea que se tiene de uno mismo en los diferentes terrenos de la vida. En general, el juicio que uno tiene sobre sí mismo está unido a la apreciación de los diferentes papeles que la vida nos lleva a representar. Si un hombre considera que ser un buen padre es tener mucho dinero, entrenar a su hijo para ser jockey y regañarlo si lo amerita, su autoestima como padre dependerá de su capacidad para desempeñar esas tareas. Si ese padre perdiera su empleo, si su hijo detestara ser jockey, y él mismo tendiera a ser más afectuoso que regañón, su autoestima como padre sería muy mala.

Los hijos crean su propia imagen observando y escuchando a sus padres, pero sobre todo viendo y sintiéndose orgullosos o decepcionados de su entorno. La autoestima es una pequeña flama que brilla en el fondo de los ojos de un niño después que mamá o papá lo halagan o le expresan su satisfacción.

En un niño pequeño, tener una buena autoestima significa esencialmente:

- Estar contento con su cuerpo.
- Tener el sentimiento profundo de ser amado.
- Tener la convicción de ser capaz.
- Estar orgulloso de ser un niño o una niña.
- Encontrarse a gusto con los demás.
- Esperar y creer que sus necesidades serán satisfechas, y que sus deseos serán, si no cumplidos inmediatamente, planeados para un futuro cercano.

Se habla más de *confianza en sí mismo* que de *autoestima* cuando se trata de niños pequeños porque realmente no reflexionan sobre sí mismos. Viven plenamente cada día. Sienten y expresan sus emociones con el cuerpo. Hacen cuantiosas preguntas para tratar de entender el mundo. Juegan y crean con el fin de ejercitar e integrar a su desarrollo nuevas capacidades físicas, afectivas y emocionales. En fin, los pequeños viven el momento presente. Poseen un temperamento y una genética innata que colorean la forma en que ellos vivirán todas las experiencias de su vida. Por supuesto, dependen de su entorno y creen firmemente en los adultos y las personas que son importantes para ellos: sus padres, hermanos, hermanas, educadoras, abuelos y amigos.

Los padres pueden ayudar a sus pequeños a desarrollar las aptitudes básicas que favorezcan primero su confianza y, a la larga, una buena autoestima. Es ilusorio pensar que esta autoestima se desarrolla de una vez por todas. La autoestima se edifica poco a poco y en la medida en que se dan las experiencias de la vida. Se construye viviendo cada acontecimiento con reacciones positivas, haciendo y creando cosas nuevas. Sin embargo, la vida reserva para cada quien un conjunto de fracasos, dificultades y experiencias negativas. En la familia, con los amigos, en el jardín de niños o en la escuela, se vive lo mejor y lo peor; las penas más duras y las alegrías más intensas. Es necesario subrayar que tanto las frustraciones como las gratificaciones son importantes para desarrollar la autoestima de los pequeños.

La autoestima es una realidad cambiante. En los momentos de bienestar es una flor que se abre, en los de tensión o infelicidad corre el riesgo de marchitarse, pero lo más importante consiste en saber que siempre puede florecer en nuestro jardín interior.

La gran duda de los padres es saber si tienen que ser unos súper padres o unos padres perfectos para favorecer la autoestima de los pequeños. La respuesta es que basta convivir con los hijos cuidando mantener la esencia de estas palabras clave: *placer, amor, seguridad, independencia, amor propio* y *nobleza.*

PLACER: El placer experimentado en el cuerpo a través de caricias, besos y juegos es esencial para arraigar al niño en su mundo personal. El placer de jugar, de aprender, de vivir en sociedad, todos son importantes para asentar la autoestima. Alguien que ha tenido placer en su infancia podrá reavivar siempre esta experiencia íntima de bienestar en los momentos más difíciles.

AMOR: Ser amado permite sentirse amoroso y, por lo tanto, importante. La experiencia de dar y sentir amor consolida la imagen de sí mismo, lo cual permite también sentirse bien interiormente. Cada persona necesita que sus padres le digan y le demuestren de mil formas el amor que sienten por ella.

SEGURIDAD: Si uno vive constantemente con miedos e inquietudes, no podrá desarrollar una buena imagen de sí mismo. Las personas necesitamos estabilidad para tener confianza en nosotras mismas y en las demás. Los padres pueden contribuir a esta seguridad no imponiendo muchos cambios, poniendo límites realistas y respondiendo a las necesidades de sus pequeños.

INDEPENDENCIA: Todos los niños se sienten capaces de hacer cosas, tienen un tipo de motor poderoso en su interior que les impulsa a intentar, arriesgar y actuar solos. La independencia es la voluntad de hacer las cosas por sí mismo. Los padres que favorecen la independencia no abandonan de ninguna manera sus responsabilidades, por lo tanto, no dejan de estar atentos a sus hijos.

AMOR PROPIO: El niño debe aprender a estar orgulloso de sí. Para ello, los padres deben aplaudir sus logros, valorarlo y auxiliar el desarrollo de todos sus talentos. Esto exige tener una visión realista del entorno, y aceptar al niño tal como es, no como quisiéramos que fuera.

NOBLEZA: El niño debe saber esperar y tener la convicción de que sus padres quieren escuchar sus peticiones, satisfacerlas, y conocer sus deseos. También debe aprender a aceptar que hay un tiempo que esperar entre el momento de pedir algo y el de verlo satisfecho. Esperar es aprender a fijarse objetivos realistas y hacer esfuerzos lograr cada uno. Esta es otra forma de impulsar la autoestima.

Este libro pretende ser una herramienta práctica para los padres, un tipo de recordatorio. Quiere ayudarlos a registrar no sólo los progresos físicos de su hijo o hija, sino también los psicológicos, que conforman el desarrollo de una identidad positiva.

Para los objetivos de este libro, establecimos grupos de edad y los definimos con un símbolo, de la siguiente manera:

Bebés: de 0 a 9 meses

 Exploradores: de 9 a 18 meses

 Decididos: de 18 a 36 meses

 Magos: de 3 a 6 años

Usted debe saber que...

- Tener una buena autoestima no es andar por las nubes y creerse otra persona. Es conocerse suficientemente bien para hacer uso de todas nuestras capacidades conociendo nuestros propios límites; es poder hacer frente a las dificultades de la vida creyendo firmemente en sí mismo, sin hacerse ilusiones falsas y sin sentir la obligación de ser la mejor persona del mundo.
- Tener una buena autoestima es buscar la armonía con los demás.
- Los pequeños no tienen ni la capacidad física ni la madurez intelectual o el desapego afectivo suficiente para realizar lo anterior; son básicamente egocéntricos, impulsivos,

exigentes, concentrados en su placer, y muy dependientes de los adultos que satisfacen sus necesidades, es decir, sus padres y todos aquellos que les ayudan paso a paso a ir por buen camino.

CAPÍTULO I

CONFIANZA

La confianza en sí mismo comienza con la confianza en los otros. Un bebé depende totalmente de su madre para sobrevivir, y muy rápidamente dependerá también de su padre y de todas las personas que lo cuidan.

El afecto, que es la base de la confianza en uno mismo, se establece con ajustes constantes en las relaciones entre padres e hijos.

- El bebé (0 a 9 meses) sabe que su llanto consigue leche, un pañal limpio y caricias.
- El explorador (9 a 18 meses) sabe que sus padres lo protegen de los riesgos que atrae su insaciable curiosidad.
- Después de un berrinche memorable en el centro comercial, el decidido (18 a 36 meses) no duda que sus padres aún lo amen.
- El mago (3 a 6 años) sabe bien que sus padres escuchan sus fantasías con un oído complaciente pero incrédulo.

La confianza impera si el niño siente que sus padres le dan placer, lo aman, le ponen límites por su seguridad, le permiten tener sus propias experiencias, lo felicitan y lo ayudan a no darse por vencido.

Mi hijo puede tenerme confianza

Conozco sus necesidades

Todos los padres quieren satisfacer las necesidades de sus hijos. Saben que necesitan calor, alimentación, amor, disciplina, amigos, y ser escuchados y apoyados para aprender.

Cada niño tiene su propio temperamento, sus talentos y sus debilidades. No siempre es fácil que los padres acepten un niño real, como es el suyo, y dejen de pensar en aquel que soñaron, por ello es necesario estar atentos a las necesidades particulares de su hijo. Es importante que cada uno se pregunte si es fiable, es decir, si conoce bien lo que su hijo puede necesitar cualquiera que sea su edad (bebé, explorador, decidido o mago). Aquí presentamos de manera general las necesidades principales de los niños:

NECESIDADES FÍSICAS

Comer, dormir, hacer del baño, estar caliente y limpio, ser acariciado y arrullado.

Ser impulsado a gatear y desplazarse.
Estar protegido, pues su curiosidad los lleva a cualquier parte.
Ser protegido de su temeridad, pues se trepa a todas partes.

Ser protegido tras sus pataletas.
Enseñarle a controlar sus esfínteres.

Desarrollar sus habilidades motrices generales y específicas.

NECESIDADES AFECTIVAS

Amor, contacto físico.
Hablarle, estimularlo y atenderlo.
Dejar que viva pequeñas frustraciones.

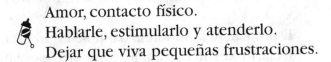
Incitarlo a desplazarse para conocer el entorno.
Darle un poco de libertad.
Señalarle claramente sus límites.

Dejarlo tomar algunas decisiones.
Tranquilizarlo después de un berrinche.
Ayudarlo a ser firme.

Ser reconocido como niño o niña.
Tener oportunidad de probar su poder de convencimiento.

Atraer la atención de su madre, si es un niño, o de su padre si es una niña.
Contar con la complicidad de sus padres.

Necesidades de aprendizaje

Estimular su sentido de la vista, del oído y del tacto.
Hablarle y escucharlo.
Respetar su propio ritmo de aprendizaje.

Dejarlo hurgar cuidando su seguridad.
Dejarlo trepar, caminar y correr.
Nombrarle los objetos y los sentimientos.

Estimular su autonomía dándole confianza.
Dejarlo vestirse solo, aunque sea parcialmente.
Permitirle plantearse pequeñas metas.
Llevarlo al parque.
Dejarlo intentar cosas.

Proponerle juegos de la imaginación.
Estimular su creatividad en las artes plásticas.
Dejarlo dibujar y recortar.
Responder a sus preguntas.

Que una persona importante para él se encargue de su cuidado (madre, padre, tutor).
Estar en contacto con personas un poco menos importantes.

Establecer lazos estrechos con su padre y su madre.
Tener la oportunidad de imitar a otros niños.

Estar en contacto con otros niños.
Establecer lazos con otros adultos.
Aprender a compartir... un poco.

Tener amigos.
Tener contacto con varios adultos.

Ciertos bebés son más difíciles que otros, requieren mucha atención y resulta complicado interpretar sus verdaderas necesidades. En estos casos no hay que dejarse llevar por el pánico, hay que respirar profundo y tener paciencia porque estos bebés más tarde llegan a ser unos diablillos.

Lo escucho
Entre más pequeño es un niño, usa más lenguaje corporal. Se expresa con su cuerpo, a través de

25

él: llora, grita, ríe, duerme bien o mal, está tranquilo o agitado. Conforme pasa el tiempo se expresará más con palabras, pero su lenguaje será básicamente utilitario: agua, duele, vamos, etcétera.

Hacia los tres o cuatro años, el niño utiliza cada vez más el lenguaje hablado en sus juegos y en sus fantasías para transmitir mensajes. Por ejemplo, la niña golpea a su muñeca diciéndole: "¡Eres mala, le pegaste a tu hermanito!", o el niño rayonea una hoja hasta ennegrecerla. Este lenguaje es simbólico como los sueños.

Es importante observar al pequeño para descubrir la manera en que manifiesta sus deseos, penas, enojos, placeres, necesidades y cariño. Hay que fijarnos también en qué momento reaccionamos a sus peticiones: después de su llanto, sus gritos, su firmeza, sus exigencias... o ya que está enfermo.

Un niño tiende a repetir un comportamiento si éste provoca una respuesta positiva en sus padres. Si un niño obtiene todo lo que quiere llorando, tenderá a hacerlo cada vez con más frecuencia. Si se da cuenta de que uno lo escucha cuando habla clara y tranquilamente, buscará expresarse más de esta manera y dará argumentos.

Antes de los siete u ocho años los niños tienen dificultades para expresar sus emociones. Cuando sienten vergüenza, lloran; si están enojados, gritan o arrojan objetos al piso; si están ansiosos, se agitan o no pueden comer bien o dormir. Los padres pueden ayudarlos nombrando por ellos, de manera simple y concreta, sus emociones. Pueden decir, por ejemplo: "Martín, te molesta que mamá no tiene tiempo de jugar contigo", "Natalia, estás triste porque tu amiga ya se fue a su casa".

Escuchar e interpretar

Si quiere ejercitar su capacidad de escuchar e interpretar, espere a estar tranquilo, paciente, dispuesto y sentirse positivo. La siguiente es una forma de hacerlo.

1. Cada vez que su hijo o hija exprese un deseo, sentimiento o idea, fíjese bien en la manera en que lo hace: sus expresiones físicas (tranquilo, agitado, con dolor de estómago...), emocionales (reír, llorar, gritar...), verbales (discutir, argumentar...), y simbólicas (fantasear, dibujar...).
2. Cuando su hijo expresa algo, deténgase, obsérvelo, escúchelo, póngale atención.
3. Diga en voz alta lo que ve ("Nicolás, estás muy tranquilo hoy"; "Ana, lloras mucho cuando estoy ocupada"; "Estás tan enojado que maltratas tus dibujos favoritos").
4. Vea cómo reacciona su hijo ante esa descripción.

27

5. Exprese el sentimiento que parece tener su hijo: "Creo que no te gusta que amamante a tu hermanito." "Veo que estás muy contento de que papá vaya al parque contigo." "Eres impaciente, por eso te disgusta esperar."
6. Si el niño expresa un deseo, sentimiento o idea a la que usted pueda responder inmediatamente, no dude en hacerlo, pero recuerde los consejos anteriores.
7. Si el pequeño expresa un deseo, sentimiento o idea que usted no quiere contestar inmediatamente, dígale que no es posible en ese momento, que puede esperar un poco, que su idea es buena pero imposible de realizar de inmediato.
8. No dé explicaciones largas, sólo constate la reacción de su pequeño.

Mi hijo está seguro

Para tener confianza, el niño debe sentirse seguro tanto en el plano afectivo como en el físico. Si sufre inseguridad, no sirve de nada decirle que es lindo y amable; todas las buenas palabras se le resbalarán como el agua en las plumas de un ave.

El niño requiere que usted establezca rutinas fijas en relación con la alimentación, el sueño, la higiene y los paseos. Estas rutinas tienen el efecto de hacerlo sentir seguro y de situarlo en el tiempo y el espacio. No hay nada más difícil para un pequeño que vivir cambios frecuentes. Cuando los padres se ven obligados a tener horarios variables, deben conseguir, si es posible, una persona que cuide del pequeño y que respete la rutina establecida.

Un niño también necesita de sus dos padres, aunque no todo el tiempo. Cuando sea mayor será más capaz de alejarse de ellos. Pero no puede sentirse seguro y amado si sus padres no están frecuentemente en casa. Una relación estrecha sólo se construye con la presencia cotidiana. Hay que estar e interactuar con el pequeño: compartir los eventos del día (levantarse, comer), hacer actividades de su edad; organizarse para que él no viva demasiados cambios en su rutina.

Los cambios producen estrés incluso en los bebés. Todos los niños necesitan estabilidad. Cambiar de casa seguido, tener varias niñeras o pasar por diferentes guarderías crean una inseguridad que opaca el desarrollo de los niños. Por otra parte, también hay que reconocer que los cambios son inevitables, son parte de la vida y resulta sano que un niño desarrolle sus mecanismos de adaptación. Un niño aislado que jamás ha tenido una niñera, por ejemplo, estará desprotegido cuando vaya por primera vez a la escuela.

Un consejo a propósito de las actividades a realizar

Escoja las actividades placenteras que usted quiera hacer. No se fuerce. Si lo hace, su hijo notará desinterés y pensará que es él quien lo aburre. Lo importante es disfrutar todos los días los momentos agradables que usted ha escogido para pasar con él. Hágalo de manera que esos momentos sean un tiempo privilegiado para ambos.

Consejos para disminuir el estrés en los niños

Darle un masaje, dejarlo correr y gastar su energía fuera de casa, aminorar la presión y las exigencias, estimular su creatividad, darle un buen baño caliente, usar el humor para quitar lo dramático a una situación, mimarlo un poco más que de costumbre.

En nuestros días, muchos niños son apremiados por el deseo imperante de sus padres de verlos más hábiles desde muy pequeños, por eso no es sorprendente que haya cada vez más niños que sufren úlceras estomacales, insomnio, ansiedad y depresión. Los pequeños tienen derecho a que su ritmo sea respetado. No sirve de nada jalar una flor para hacerla crecer porque se corre el riesgo de empeorar su situación.

Los padres de hoy hablan mucho con sus hijos, esto es muy bueno porque enseña a los niños a expresarse, a sentirse importantes y a comunicarse sin problemas. Sin embargo, hablar no es siempre una forma eficaz de mantenerlos seguros, de controlar ciertos comportamientos o de ayudarlos a tener actitudes positivas y aceptables.

La mayor parte de los padres creen traumar a sus hijos con la disciplina. Puede ser porque esta palabra tiene una ligera connotación negativa, y porque hace referencia a algunos castigos físicos por intransigencia y lucha de poder. La disciplina es muy necesaria para el bienestar de los niños, les permite saber dónde están sus límites y los de sus parientes, evitar los peligros, aprender a complacer a los otros, pensar antes de actuar, y vivir en un clima más armonioso. No se trata de agobiar al niño, sino de guiarlo; no se trata de forzarlo, sino de darle valores. Aquí les presentamos siete claves para vivir en armonía con los niños.

1. Apegarse a las reglas importantes.
2. Estimar los sentimientos.
3. Ser constante.
4. Dar responsabilidades.
5. Dejar que el niño tome pequeñas decisiones.
6. Decir "no" firmemente.
7. Ser flexible con las reglas menos importantes.

Aplico cariñosamente la disciplina

Toda disciplina debe estar implícita en una relación afectiva. Esto supone que el padre tenga una actitud firme (elija de tres a cinco reglas, dígalas sin argumentar, sin culpar ni amenazar a nadie), que ignore conductas menos importantes o que no son peligrosas, que sea positivo (aliente, felicite, dé tiempo, escuche, recompense), y que haga consciente al niño de las consecuencias naturales de sus actos, sin juzgarlo a él ni sus acciones.

 LA DISCIPLINA CON LOS BEBÉS

Necesidades
- De afecto.
- De amor.
- De cuidados básicos.
- De rutinas para autoregularse.
- De que uno le hable.
- De que se respete su propio ritmo.
- De que se le proteja de los peligros.

Disciplina
- Establecer rutinas para el sueño y la alimentación.
- Tener buenos hábitos antes de dormir.
- Aprender gradualmente a tolerar la frustración.

LA DISCIPLINA DE LOS EXPLORADORES
(Curiosean, caminan y comienzan a hablar)

Necesidades
- De ser protegidos alejando de ellos los objetos peligrosos o muy preciados.
- De enseñarles a ser limpios.
- De ejercer sus capacidades motrices.
- De tener atención inmediata (ellos atraen frecuentemente la atención con malos modos).
- De tener un súper ego (decirse no a ellos mismos).
- De compartir tiempo valioso con su padre o madre.
- De retroalimentación (transmitirle el mensaje en primera persona: "No me gusta que griten", mas no decir: "Gritas demasiado").
- De ser apoyados en sus cambios.
- De recibir agradecimientos.
- De tener amor y reconocimiento de sus límites y fortalezas.

Disciplina
- Pedirle las cosas una sola vez. Intervenir enseguida si el niño no responde.
- Si vuelve a hacer pataletas, llevarlo a un lugar aparte durante unos minutos.
- Recordar que a esta edad los pequeños:
    - ◆ Son naturalmente curiosos, quieren hurgar en todo y están agitados.

◆ No se expresan fácilmente con palabras.
◆ No entienden la lógica.

La disciplina en los decididos
(Hablan, se enojan y quieren tomar decisiones)

Necesidades
• De tomar decisiones.
• De desplazarse solos.
• De decidir y oponerse.
• De moverse.

Disciplina
• Dejarlo escoger entre dos soluciones previamente acordadas.
• Hacer concursos sencillos de velocidad.
• Utilizar el humor, no el sarcasmo.
• Si el niño desobedece, no hay que discutir y suspender toda actividad, hay que llevarlo aparte, a la escalera, a una silla o a su habitación. Esto sólo hay que hacerlo en dos o tres ocasiones importantes, y solamente por algunos minutos.
• Enseguida prestarle mucha atención, y recordar que a esta edad los niños son por naturaleza:
◆ Impulsivos y coléricos.
◆ Egoístas.
◆ Incapaces de ponerse en el lugar de los otros.

• También hay que recordar que hay límites de obediencia, y siempre debemos tener en cuenta las capacidades de los niños.

 LA DISCIPLINA DE LOS MAGOS
(Inventan, fantasean y se crean un universo mágico)

Necesidades
• De agradar.
• De ser reconocido como niño o niña.
• De tener amigos.
• De usar su imaginación.
• De ser escuchados.
• De ser estimulados.
• De que se respete su propio ritmo.

Disciplina
• Impartir la disciplina pensando que son muy sensibles a las críticas.
• Comenzar por darle responsabilidades pequeñas.
• Afianzar la disciplina positivamente.
• Transmitir mensajes en primera persona:"Yo...".
• Dar siempre explicaciones cortas y claras.
• Establecer hábitos para ir a la cama, al baño, y para tomar los alimentos.
• Hacer frente a las consecuencias inmediatamente después de una acción negativa.
• Hacer frente a las consecuencias lógicas y naturales de sus actos.

- Apartarlo si ha hecho algo indebido.
- Recordemos que a esta edad los niños:

    ◆ No tienen la noción de mentira, sólo fantasean.

    ◆ Tienen miedos muy fundamentados porque su imaginación es muy fuerte.

    ◆ Adoran manipular a sus padres.

    ◆ Buscan naturalmente atraer la atención del padre, si es una niña; o de la madre si es un niño.

    ◆ Imitan a sus amigos.

También hay que tener presente que todo lo que se dice inconscientemente se induce, por ejemplo, usted pensará en su madre si alguien le dice: "No pienses en tu madre". De la misma forma, si le decimos a un niño: "No le jales los cabellos a Natalia", será lo primero que él pensará hacer. Es importante decir siempre lo que queremos que haga, no lo que no queremos, entonces diremos: "Quiero que juegues en el patio", y no: "Te prohíbo que juegues en la acera".

Puedo darle confianza a mi hijo

Sé en qué campo puedo darle confianza
¿Confío en mi hijo y sus capacidades? Para darle confianza hay que evaluar de manera realista sus capacidades y recursos personales. Es necesario

darse cuenta de su desarrollo y confirmar sus progresos constantes.

 Verifique el nivel de conocimiento que usted tiene de los ámbitos en los que puede darle confianza a su hijo.

- Mi hijo es capaz de decirme lo que necesita.
- Es capaz de defenderse.
- No es muy temerario.
- Sabe hacerse querer por otros adultos.
- Sabe hacerse querer por otros niños.
- Es capaz de realizar tareas simples como vestirse o servirse agua.
- Es capaz de ir con otras personas.
- Se desenvuelve bien.
- Aprende bien.
- Se adapta satisfactoriamente a situaciones nuevas.

Dar confianza a un pequeño es ser capaz de contribuir a su desarrollo sin sobreprotegerlo. Los padres deben estar conscientes de los peligros y los límites propios de su crecimiento: vulnerabilidad emocional, capacidad limitada de razonamiento, habilidades psíquicas restringidas. Los padres están para protegerlo sin volverlo caprichoso.

Protejo sin sobreproteger

Cada padre debe aprender a proteger a su hijo sin exagerar. En otras palabras, debe adoptar actitudes que apoyen su autoestima. Aquí tenemos unos ejemplos de protección y de sobreprotección.

En el caso de los bebés, hay gestos, conductas o actitudes de los padres que significan protección. Por ejemplo, cerciorarse de que no haya objetos peligrosos en su cuna, mantenerlo limpio, evitarle tener varias niñeras, procurar que todo esté en orden para respetar sus rutinas. Hay otras que son de sobreprotección; por ejemplo, cargarlo mucho, acudir a él en el primer llanto, no permitir que otras personas lo carguen, no salir juntos para no dejarlo encargado con alguien más.

Con los exploradores sucede lo mismo. Ciertas actitudes son protectoras; por ejemplo, cerrar con llave los lugares donde hay productos peligrosos, no perderlo de vista si están fuera de casa, ir al médico si le duele algo. Hay otras que son más bien sobreprotectoras; por ejemplo, responder a sus deseos antes que él los manifieste, prohibirle trepar por miedo a que caiga, cerrar con llave todos los armarios y gavetas.

Permitir a los decididos dormir todas las noches en nuestra cama, darle lo que él quiera para evitar un berrinche, o vestirlo en las mañanas, es sobreprotegerlo. Pero si se le lleva a un lugar tranquilo cuando está haciendo un berrinche, si se le toma la mano para atravesar la calle, o si se le vigila cuando están juntos en el parque, se le está protegiendo.

En el caso de los magos, las actitudes que revelan la sobreprotección son, por ejemplo, acostarse con él para que se duerma, obligarlo a comer todo el plato por miedo a que le falten vitaminas, no permitirle ir a casa de sus amigos, no darle obligaciones simples en la casa. Las acciones que verdaderamente lo protegen son: exigirle que nos avise si estará jugando en el patio de otro amigo, llevarlo al médico si tiene algún transtorno del lenguaje o de su motricidad, arrullarlo, darle un masaje o contarle un cuento.

Es importante cuestionar nuestras acciones como padres para no caer en la sobreprotección. Muchas investigaciones demuestran que existe un relación estrecha entre la sobreprotección de los padres y la baja autoestima de los niños. Sin embargo, es evidente que los niños que no son protegidos tienen también una baja autoestima. Todo es cuestión de equilibrio.

Las investigaciones muestran que los niños que se sienten seguros en las relaciones con sus padres son más independientes, reaccionan mejor a las separaciones y mantienen una buena autoestima cuando van por primera vez a la escuela.

Usted debe saber que...

- La confianza se desarrolla gracias a una relación de afecto.
- Todos los niños necesitan estabilidad.
- Los bebés necesitan rutinas.
- Los exploradores necesitan hurgar por todas partes.
- Los decididos deben tomar decisiones.
- Los magos necesitan a sus padres y a sus amigos.
- Las frustraciones son necesarias para motivar a los niños.
- Los pequeños que se sienten seguros son más independientes en la escuela.
- Los padres, para establecer un lazo afectivo con su hijo, deben estar en su vida de una manera regular y constante.

 Pregúntese si sus actitudes permiten a su hijo desarrollar su confianza y sentirse seguro

- ¿Conozco las necesidades de mi hijo?
- ¿Busco satisfacerlas?
- ¿Escucho a mi hijo?
- ¿Interpreto bien sus expresiones?
- ¿He establecido rutinas?
- ¿Paso mucho tiempo con mi hijo?
- ¿Controlo que no viva demasiados cambios?
- ¿Respeto su ritmo?

- ¿De verdad mi hijo conoce claramente las reglas que he puesto?
- ¿Lo animo a respetar las reglas?
- ¿La disciplina que le impongo va de acuerdo con él?
- ¿Le doy confianza?
- ¿Sobreprotejo a mi hijo?

Capítulo II

SOY AFECTUOSO

Para ser afectuoso hay que sentirse amado, aunque también se necesita haber integrado ese amor, hacerlo propio.

Cuando uno pregunta a un niño por qué piensa que se le quiere, es muy probable que responda algo parecido a lo siguiente:

"Sé que mi mamá me quiere porque me lo dice todo el tiempo."

"Papá me quiere..., ¡me compró el juguete que yo quería en mi cumpleaños!"

"Mi abuela me quiere porque no me grita."

"Mi maestra me quiere porque es amable conmigo."

Los niños son precisos, para ellos el amor es algo visible y palpable. Un pequeño siente, ve y escucha todo. Piensa que uno lo ama si está con él y si hace cosas por él. Si uno discute o le niega algo, no se siente querido.

Muchos padres simplemente no toleran que su hijo se sienta poco querido, están dispuestos a hacer casi cualquier cosa por evitarle ese sentimiento. Frecuentemente, este tipo de padres fueron poco queridos en su infancia, entonces buscan reparar su pasado. No soportan que su hijo se disguste con ellos o que no los quiera tanto, aunque sea temporalmente.

Las palabras y los gestos de los padres representan para los niños la verdad absoluta, pues no tienen la capacidad intelectual de hacer un juicio sobre los otros ni sobre sí mismos. Se hacen una idea prematura de su valor basándose en la manera en que sus padres los tratan, sólo más tarde tendrán en cuenta las opiniones de otros adultos y de sus amigos.

Es muy importante conocer el valor propio de manera realista. Los padres que creen darle confianza a su hijo diciéndole siempre que es único y extraordinario no le hacen ningún favor. Más tarde o más temprano este niño enfrentará problemas y conocerá sus límites, y cada vez será menos capaz de afrontarlos. Es importante decirle al niño que es lindo y amable, pero también hay que señalarle rasgos de su carácter que debe mejorar, y hay que decirle que habrá dificultades a las que deberá hacer frente. Siempre es posible señalarle estos puntos sin dañar su autoestima.

Mi hijo se siente amado y aceptado

Del hijo soñado al hijo real

Cuando uno se imagina al bebé que espera, uno lo ve, por supuesto, bello, inteligente y amable. Le atribuimos todas las cualidades de su padre y de su madre, pero ninguno de sus defectos. Soñamos una persona maravillosa, pero no podemos evitar que nos atormenten las dudas, entonces nos conformamos con que sea simplemente un bebé sano.

Cuando el bebé llega, los padres deben dedicarse a esa personita real y guardar el luto de aquella que habían soñado, aunque no sea fácil. Hay quienes se fijan a su ideal y quieren que su pequeño se parezca lo más posible y a cualquier precio a aquel que soñaron. En este caso se corre el peligro de que el pequeño siempre se sienta menos. También hay quienes piensan que su bebé es la perfección encarnada, así que se llevan grandes sorpresas cuando él comienza a mostrar su personalidad. En este caso se corre el riesgo de que el niño se sienta sin el derecho a ser él mismo. Finalmente, hay padres tan decepcionados de su hijo real que tienen dificultades para aceptarlo. Así, él se sentirá siempre un ser incompleto. Conviene entonces preguntarse cuáles son las similitudes y las diferencias que tiene el niño real con el niño soñado, y saber si uno lo acepta tal como es.

Los padres que aceptan a su hijo con defectos y cualidades, le hacen un gran favor porque le ayudan a construir la certeza interior de saberse una persona de bien, alguien que procura siempre ser mejor.

Es normal que los padres no sean objetivos cuando describen a sus hijos, el amor los hace ser subjetivos, pero qué bueno que quieran así a sus hijos, pues se necesita mucho amor para cuidarlos, estimularlos y marcarles límites. También se necesita mucha paciencia, pero esa es otra historia.

Aprendo a quererlo en todas sus facetas
Nuestra educación nos hace valorar ciertas cualidades, pero esto no nos debe impedir ver todas las facetas de una personalidad. Así, si queremos que un niño se sienta totalmente querido, debemos apreciar todas sus características (belleza, inteligencia, amabilidad, creatividad, sociabilidad, habilidades físicas, generosidad, etcétera).

El perfil de un bebé no puede ser el de un explorador, ni el de un decidido corresponde al de un mago. Los niños desarrollan sus habilidades físicas, intelectuales, afectivas y sociales de manera gradual y regular. Este desarrollo tiene periodos altos y bajos, por lo que cualquier regreso temporal es normal.

Cuando se quiere definir el perfil de un niño y descubrir sus principales defectos y cualidades, uno debe preguntarse cómo es en los siguientes planos:

- **Físico**: belleza de rostro, armonía del cuerpo, habilidades físicas, curiosidad, motricidad específica, motricidad general, expresividad, agilidad.
- **Intelectual**: curiosidad, deseo de aprender, capacidad de concentración y de atención, gusto por expresarse y por escuchar, hacer razonamientos lógicos, jugar.
- **Afectivo**: amabilidad, capacidad de sonreír y reír, adquirir seguridad, perseverar en sus peticiones, poder de convencimiento, inventar historias, ser afectuoso.
- **Social**: mostrar interés por los demás, inclinación hacia otras personas, confianza en sí mismo frente a alguien más, deseos de compartir y comunicarse, capacidad de alejarse de sus padres, escuchar, organizar, tolerar la frustración.

También es importante reconocer que cada niño tiene un temperamento único. Sus padres tienen una influencia muy fuerte en él, pero no deben ignorar su temperamento innato. Esto no quiere decir que es inútil intentar educarlo, al contrario, los padres son guías indispensables pues ayudan al niño a dar lo mejor de sí mismo.

De acuerdo con varios investigadores, se pueden encontrar tres tipos de temperamento: fácil, calmado, y difícil. Cada niño tiene una mezcla de los tres que lo hacen único. Un bebé con un temperamento difícil pedirá mucha atención, pero puede convertirse en un niño dinámico y decidido. Uno que tenga temperamento tranquilo puede ser exasperante, pero será un niño calmado y considerado. Aquel que posea un temperamento fácil puede pasar desapercibido si uno no tiene cuidado. No hay que olvidar que los padres tienen también su temperamento. Un padre de temperamento tranquilo que le gusten los cambios tendrá algunas dificultades para convivir con un bebé nervioso que necesite estabilidad.

Una persona logra su realización poniendo en práctica sus fortalezas, no sus debilidades. Si usted decide desarrollar la autoestima de su hijo, debe estar consciente de sus defectos y cualidades físicas, intelectuales, sociales y personales, pues todos las tenemos. Tener una buena autoestima significa también reconocer nuestros defectos y tratar de aminorarlos.

Si en algún momento es posible conocer las fuerzas y debilidades de un niño, hay que tener en cuenta siempre que se trata de una persona en continuo desarrollo y que nada puede predecir si cambiará más tarde o si será una persona totalmente diferente en el futuro. Por otra parte, los padres deben mantener la esperanza, pues todos los niños tienen capacidad de cambio; nada está escrito.

Muestro mi amor
Cada quien expresa amor a su manera. Esto está relacionado con nuestra infancia y con la idea que tenemos de lo que es ser un padre ideal. Es importante tener en cuenta que para que un niño se sienta querido necesita caricias, besos, algunos tratos especiales (darle una sorpresa o algún privilegio), palabras dulces, momentos de placer y de risa, y una presencia grata con él. Cualquiera que sea la manera de amar, los padres deben decir su amor y actuar en consecuencia.

Para reflexionar

Piense en las palabras o acciones que usa para mostrar amor a su hijo, ya sea bebé, explorador, decidido o mago.

Hago saber a mi hijo que lo acepto como es
Aceptar a su hijo es admitir sus errores y aciertos, pero esto no significa que hay que ser pasivos con sus faltas, al contrario, hay que reaccionar de acuerdo con éstas. Así el niño sabrá que es amado aun cuando no estemos de acuerdo con algún comportamiento suyo.

Ciertas actitudes hacen que el bebé se sienta plenamente aceptado: darle rutinas claras de acuerdo con su conducta, darle caricias y besos, darle oportunidades de tocar muchas cosas, hablarle mucho y acostarlo cuando está fatigado.

Sucede lo mismo con el explorador: para sentirse aceptado necesita que lo dejen curiosear con seguridad, que le canten canciones y que le hablen, que le den alimentos variados, que lo lleven de la mano al caminar y que le procuren diversos estímulos.

En cuando al decidido, las acciones que lo hacen sentir aceptado son: decirle que es capaz de hacer muchas cosas, dejarlo elegir entre dos opciones, adaptar el tiempo que está en casa a su capacidad de tolerar la frustración por el encierro, aceptar que cambie de opinión repentinamente, distraerlo cuando comienza a hacer una pataleta, darle tiempo de explicarse.

Estas son las muestras de que uno acepta tal cual a un mago: darle diversos juguetes y juegos simbólicos (una muñeca, una espada), escuchar sus fantasías, animarlo a salir a jugar diario, estimularlo a hacer amigos, aceptar que nos manipule un poco, enviarlo a su habitación cuando se ha sobrepasado, reconocer sus miedos a la hora de dormir.

Para sentirse aceptado, un niño necesita ser totalmente admitido, con sus defectos y cualidades, sus sentimientos, su ritmo y su velocidad de desarrollo. Necesita que se reconozca su personalidad, que se tomen en cuenta sus ideas y emociones, que se le guíe y aliente.

Mi hijo aprende a conocerse y quererse

La autoestima es la conciencia del valor propio. Un niño aprende a conocerse y quererse esencialmente por la retroalimentación que tiene con su entorno:

- Si mamá le dice que tiene una bella sonrisa, él crecerá preservándose como alguien sonriente.
- Si su niñera le dice frecuentemente que habla mal, él estará convencido de que no sabe comunicarse.
- Si su abuelo lo regaña cada vez que se trepa en algún lado, él pensará que no hace bien las cosas.

La percepción de sí mismo depende sobre todo de la forma en que los padres reaccionan ante situaciones específicas. Es así que un niño se sabe "bueno" si así lo califican sus padres muchas veces; los que son llamados "traviesos" pueden tener una baja autoestima.

Le ayudo a conocerse

Así como usted ama a su hijo y reconoce que tiene defectos y cualidades, tiene que esforzarse también para ayudarlo a conocerse.

La conciencia de sí y la certeza de ser un individuo se desarrollan gradualmente. Por ejemplo, uno se reconoce a sí mismo frente a un espejo cuando tiene entre nueve y doce meses. Un pequeño puede distinguirse de los otros en las fotografías cuando tiene entre quince y dieciocho meses, y cerca de los veinte meses sabe bien si es un niño o una niña. Hacia los tres años usará el pronombre "yo" para hablar de él mismo.

Al inicio todo pasa como si al nacer el bebé no supiera la diferencia entre él y su madre, esto es normal después de nueve meses de relación simbiótica. Después, la realidad lo lleva a darse cuenta de que es diferente y de que tiene que hacer algo para satisfacer sus necesidades: debe llorar si quiere comer, gritar o sonreír para llamar la atención, y patalear para mostrar que no está cómodo: "Miren, miren, soy diferente a mi madre", parece decir. "Enseguida viene un señor que se ocupa de mí y me hace reír, ¡es mi papá! También hay unos que vienen a hacerme caras y darme besos, dicen que son mis hermanos".

A lo largo del tiempo las capacidades del bebé se desarrollan y afinan. El explorador descubre que puede gatear, luego caminar, y adquiere el sentimiento de poder hacer cosas por sí mismo y bajo su voluntad: "Ah, soy diferente de mi mamá. Ella me mira aterrorizada cuando jalo fuerte el mantel. También puedo hacer que papá corra muy rápido si finjo dirigirme a la escalera".

El decidido, por su parte, ejercerá de manera intensa su capacidad de decisión y caerá en la cuenta de que es alguien muy especial: "Mis papás sudan la gota gorda cuando grito a todo pulmón para quedarme con el dulce que tomé en la tienda." "Se quedan de una pieza si decido orinar en un rinconcito de la sala."

El mago descubre todo el poder que implica ser un niño o una niña, lo ejercerá plenamente con su padre si es niña, o con su madre si es niño. Él o ella harán cada vez más historias que pueden ser reales o fantásticas: "Puedo decir que fue mi hermanito quien tiró la lámpara, al fin que mis papás no siempre pueden leer mi mente." "Sé que soy alguien especial para papá porque él acepta siempre contarme dos cuentos antes de dormir."

Los padres pueden ayudar a que su hijo se conozca si:

- lo tratan como una persona aparte;
- le hablan de sus cualidades y sus defectos;
- le permiten identificarse con ellos;
- hacen válidas todas sus emociones;
- le hacen saber que está creciendo y que será cada vez más hábil.

Para ayudar a que el niño se conozca a sí mismo, hay que retroalimentarlo positivamente (felicitarlo, recompensarlo, animarlo). Si la retroalimentación es negativa (criticarlo, acusarlo) no hará ningún bien al pequeño; uno debe indicarle sus errores teniendo cuidado de no herir su amor propio. También hay que evitar señalar de manera negativa el comportamiento o las actitudes que están directamente ligadas a su desarrollo, por ejemplo:

- En los bebés: llorar, gritar, llamar la atención, etcétera.
- En los exploradores: curiosear, pronunciar mal las palabras, tocar todo, etcétera.
- En los decididos: decir no, querer elegir todo, gritar, etcétera.
- En los magos: fantasear, inventar, jugar con una pistola de plástico, etcétera.

Aunque lo anterior tampoco significa que usted tiene que aceptar todo en su hijo, quiere decir que debe reconocer que él está pasando una etapa particular de su desarrollo. Guíelo para encontrar posibles soluciones.

La mayor parte del tiempo, los comportamientos que nos irritan de nuestros hijos están asociados a su carácter (es inquieto, no presta atención, es lento) y a particularidades nuestras (carácter, experiencias pasadas, comprensión de la situación). Si aprendemos a reconocer esto, podremos ser más suaves en nuestros juicios y, por lo tanto, actuar menos negativamente en la retroalimentación con el pequeño.

 Pregúntese cómo reacciona ante las dificultades de su hijo (o ante lo que usted identifica como problemas)

1. ¿Trato de ignorarlo? (Salgo de la habitación, lo dejo llorar, finjo no escucharlo.)
2. ¿Grito y golpeo? ("No me molestes, vete de aquí".)
3. ¿Lo regaño? ("Dije que no tocaras la planta, no quiero que...")
4. ¿Enfatizo la situación? ("Siempre lloriqueas", "¿Otra vez me desobedeces?")
5. ¿Describo lo que está sucediendo? ("Ya me di cuenta de que lloras cada vez que voy a otra parte de la casa y me alejo de ti, veo que te molesta, ¿es así?")
6. ¿Lo acuso? ("Eres muy malo conmigo, nunca haces algo bueno.")
7. ¿Reacciono haciendo o diciendo cualquier cosa? (Lo llevo a otra habitación y le sugiero algún juego.)
8. ¿Digo lo que él siente? ("Me parece que estás muy enojado con tu hermanito porque voy a salir con él.")
9. ¿Uso el sentido del humor?
10. ¿Explico las cosas claramente? ("Ya sabes que los dulces hacen daño a los dientes.")

Todas estas formas de retroalimentación en relación con algún problema permiten que el niño se conozca, pero no todas tienen el mismo impacto en él, por ejemplo, la 5, 7 y 8 ayudan a su autoestima, otras, como la 1, 3, 9 y 10, lo tienen un poco en cuenta, y la 2, 4 y 6 contribuyen directamente a la construcción de una imagen positiva de él mismo.

Los niños no atienden ni comprenden las explicaciones largas, dado que no perciben objetivamente el humor de sus padres, algunas veces pueden interpretarlo negativamente; son literales y directos, no practican la autocrítica.

Le ayudo a quererse
Los siguientes cinco cuestionamientos le ayudarán a saber si usted contribuye a que su hijo se quiera a sí mismo.

1) ¿Procuro que se sienta orgulloso de ser un niño o una niña?
La identidad sexual es crucial en el desarrollo de una buena autoestima. No es posible estar bien consigo si uno está a disgusto con ser un niño o una niña.

En nuestra sociedad, en la que la definición de los papeles sexuales está en constante evolución, donde las mujeres se sienten subestimadas e incomprendidas, no es fácil ayudar a los niños a definir su identidad sexual.

Negar las diferencias entre niñas y niños no es una solución viable. Son evidentes las diferencias inherentes a los dos sexos, y las hay también en el ámbito social. Aunque es de por sí difícil encontrarse uno mismo, los niños y las niñas tienen el absoluto derecho a ser aceptados tal como son, con sus diferencias, y cada uno debe ser ponderado en su feminidad o masculinidad.

Si quiere ayudar a que su hijo o hija estime su sexo y esté orgulloso de él, comience usted mismo a aclarar la percepción que tiene acerca de las mujeres y de los hombres, resalte los puntos fuertes de cada uno y hágaselos saber a su niño o niña.

2) ¿AYUDO A MI HIJO A RECONOCER SUS SENTIMIENTOS Y ACEPTARLOS?

La tristeza, la cólera, la vergüenza, la alegría, el entusiasmo, la ansiedad y el miedo son sentimientos que se experimentarán a lo largo de la vida. Los padres casi siempre querrán que sus hijos conozcan sólo lo positivo, pero esto es imposible, finalmente toda experiencia nutre el crecimiento, si no, cómo hacer frente a las vicisitudes cuando no se ha confrontado el miedo o la ira.

Los bebés reaccionan intensamente a los sentimientos de sus padres, no hay mejor medidor de emociones que ellos. Los bebés imitan rápidamente las expresiones faciales y verbales ligadas a sentimientos particulares, por supuesto que lo aprenden de sus padres, pero desde su nacimiento tienen una forma única de percibirlos y expresarlos.

También es importante reconocer y aceptar los sentimientos que los pequeños resienten (alegría, tristeza, enojo, miedo, ansiedad, placer) para que sean conscientes de su naturaleza humana. Esta validación se realiza:

- Reaccionando rápidamente (consolar, proteger, reír juntos).
- Expresando sus emociones ("Estás triste", "te sientes enojado", "esto te gusta").
- Incitándolo a expresarse ("Sí, tienes todo el derecho de enojarte", "Ríete, fue algo chistoso").
- Dándole palabras que le ayuden a nombrar lo que siente ("Puedes decir que no", "Dile que te dan miedo los perros").
- Aceptando sus sentimientos, a pesar de que no acepte su comportamiento ("Aunque estés enojado, no le pegues a tu amiga." "Aunque estés muy emocionado, no me gusta que brinques por todas partes".)

3) ¿AYUDO A MI HIJO A CONOCER SUS CUALIDADES?
Cuando uno reconoce las cualidades del pequeño y se las dice, le ayuda a saber cuáles son y a tomar conciencia de su valor. Es importante saber que será después de los siete u ocho años

que él se observará y hará un juicio completo y lógico de sí mismo. Es posible mantener ese proceso de identificación haciendo lo siguiente:

- Pedirle tomar decisiones pequeñas ("¿Quieres las verduras crudas o cocidas?" "¿Quieres bañarte en la tina o en la regadera?").
- Pedirle decir qué le gusta, qué quiere, qué no le gusta.
- Prestar atención a sus respuestas, por más sorprendentes que sean.
- Alrededor de los cuatro o cinco años de edad, pedirle que describa sus juegos, sus dibujos o sus sentimientos.
- Pedirle su punto de vista ("¿Prefieres el rojo o el verde?", "¿piensas que este es un buen dibujo?", "¿fuiste amable con la niñera?"). Aquí no importa si el niño dice o no la verdad, lo interesante es que sienta que las cosas le conciernen, para que aprenda a valorar sus gustos, opiniones y juicios.

Actividad para que el niño menor de tres años aprenda a identificar sus cualidades

- Escoja distintos tipos de animales de juguete.
- Muéstrele uno a la vez.

- Imite el sonido y el comportamiento del animal que le muestra y pídale hacer lo mismo.
- Mencione las cualidades de ese animal (es fuerte, es rápido, etcétera) y pídale que diga algunas.
- Haga lo mismo con varios animales. (Si el niño está cansado, detenga el juego.)
- Pregúntele cuál es su animal preferido, que juegue a ser ese animal.
- Compare su animal preferido con otros (es fuerte como el oso, es tan rápido como la gacela, es tan bonito como un pájaro, es grande como el elefante).

No olvide nunca que los niños son muy concretos y que es mejor acompañar las palabras con ejemplos.

4) ¿AYUDO A MI HIJO A QUERERSE CUANDO ENFRENTA SUS DEFECTOS?

Nuestra forma de reaccionar ante los obstáculos que el pequeño encuentra puede tener una influencia directa sobre su autoestima. Él puede tener más o menos dificultades para aceptar el hecho de equivocarse o cometer errores.

Algunos niños no se sienten seguros de lograr cosas, por ejemplo, hay quienes hablan hasta que tienen en su haber una buena cantidad de palabras; hay también quienes no reciben un triciclo sin cerciorarse de poder pedalear. Estos niños no aceptan sus defectos. Veremos en el siguiente capítulo cómo ayudarlos a obtener triunfos. Por ahora, podemos ver rápidamente cómo los padres pueden ayudarles a quererse a pesar de sus imperfecciones.

Es necesario que los padres acepten a su hijo tal como es. Quizá tenga un defecto físico, ser muy delgado o gordo, que hable poco, que no sea ágil, que sea malhumorado, etcétera, no importa, es primordial aceptar sus dificultades reales, aunque algunas nos afecten más que otras, sobre todo si tuvimos que luchar con las mismas durante nuestra niñez. No es cosa fácil aceptar que un hijo no es perfecto, pero entre más impotentes se sientan los padres ante estos problemas, menos serán capaces de aceptarlos.

En realidad, aquí sólo nos referimos a algunos obstáculos o dificultades, no hablamos de situaciones verdaderamente limitantes como:

- Discapacidad física.
- Discapacidad mental.
- Problemas relacionados con el desarrollo, por ejemplo, que un niño de cinco años no camine aún.
- Problemas de entorno: pobreza, marginación, etcétera.

Fuera de éstas, el resto sólo requiere afrontar algunas complicaciones, pero hay que ser tan realistas como el problema lo requiera para que el pequeño sea optimista y comprenda que su situación puede ser temporal o precisa, y que sepa que es capaz de progresar.

5) ¿AYUDO A MI HIJO A TENER UNA VISIÓN POSITIVA DEL FUTURO?

¿Conoce el efecto Pigmalión? En la mitología griega, Pigmalión esculpe una bella mujer de marfil y se enamora de ella. Se llama efecto Pigmalión a que una persona se sienta obligada a corresponder a la imagen que se tiene de ella. Así, si uno presupone que su hijo tendrá dificultades en la guardería, y si uno hace esas suposiciones frente a él de manera continua, habrá muchas posibilidades de que así sea. En efecto, es como si nuestro miedo y nuestro convencimiento de tal situación se hubieran instalado en el pequeño, y éste sólo hubiera podido actuar en consecuencia.

Cuando hablemos a nuestro hijo de su futuro, debemos ser optimistas. Cuando nos expresemos delante de él, debemos enfatizar los puntos fuertes, las cualidades que lo caracterizan y que le ayudarán a dar la cara a los problemas.

Como padres, se tienen inquietudes que a veces están justificadas, pero otras no. Cuando usted hable de crisis o de obstáculos a vencer, mencione también una o dos posibles soluciones.

Algunos ejemplos de hábitos verbales a desarrollar en su hijo

AFIRMACIONES POSITIVAS	AFIRMACIONES NEUTRAS	AFIRMACIONES NEGATIVAS
Soy capaz.	¿Cómo lo hago?	No soy capaz.
Voy a casa de mi amigo, será divertido.	Me gusta jugar con mi amigo.	¿Qué tal si mi amigo no quiere jugar conmigo?
Soy bueno jugando con el balón.	Tengo un balón bonito.	No sé jugar con el balón.
¡Mamá, mira cómo domino el triciclo!	Mamá, mira, llegué hasta arriba del árbol.	Mamá, ya no quiero el triciclo porque siempre me caigo.
Dijiste que yo lo voy a hacer.	¿Me dejas hacerlo yo primero?	Papá, ¿puedes hacerlo por mí?, es muy difícil.

Incite a su hijo a hablar de él en términos positivos y a consolidarse de la misma forma. Acepte sus afirmaciones neutras, reaccione de manera optimista ante las negativas, pues son sensaciones de incapacidad. Llorar, estar enojado o decepcionado, sentir vergüenza o estar incómodo, y decirlo, no es ser negativo, es hablar sinceramente.

Usted debe saber que...

- Para amar hay que sentirse amado.
- Los niños no dudan de sus padres.
- La autoestima es muy importante en la vida.
- Las palabras de los padres tienen una gran influencia sobre los hijos.
- Se puede ayudar a los niños a distinguir sus pensamientos de sus sentimientos.
- Un niño no se siente querido si no recibe muestras de amor frecuentemente.
- Es posible mostrar los defectos sin acusar o despreciar.
- Los niños no distinguen entre las palabras y los gestos de los padres.

Pregúntese si sus actitudes permiten que su hijo desarrolle una identidad positiva

- ¿Soy capaz de distinguir el hijo soñado del hijo real?
- ¿Conozco el perfil físico, intelectual, afectivo y social de mi hijo?
- ¿Reconozco que mi hijo tiene un temperamento propio?
- ¿Conozco sus cualidades en diferentes ámbitos?
- ¿Resalto sus puntos fuertes?
- ¿Acepto sus puntos débiles?
- ¿Le digo que lo quiero?
- ¿Se lo demuestro?
- ¿Le hago saber que lo acepto como es?
- ¿Le doy una retroalimentación positiva?
- ¿Le hablo de sus defectos protegiendo su autoestima?
- ¿Lo ayudo a reconocer sus emociones?
- ¿Lo ayudo a identificar sus cualidades?
- ¿Procuro que piense que superará pronto sus problemas?
- ¿Lo hago sentirse contento con sus logros?
- ¿Lo ayudo a proyectarse positivamente hacia el futuro?

CAPÍTULO III

ME SIENTO BIEN CON LOS DEMÁS

Para estar bien con uno mismo hay que estarlo con los otros: padres, hermanos, hermanas, parientes, niñeras, maestras y amigos.

La adaptación social se realiza por etapas, por estados, como el desarrollo físico, afectivo, intelectual y moral. Aunque comience la vida siempre acompañado de alguien, siempre llega al final uno solo, después de haber agrandado su círculo social.

El bebé comienza su vida social desde que está en el vientre materno. Cuando, al paso de algunos meses, reconoce la voz de su madre y también la de su padre, ya tiene una relación social. A los dos meses de edad ya reconoce la figura humana y puede transmitir una serie de emociones a quienes le rodean.

Si bien la familia es el primer lugar de socialización, el niño de dos años disfruta mucho estar con otros niños. A los cuatro años pide a gritos tener amigos, pues los adultos, como es bien sabido, no juegan tan bien como los otros niños.

Los amigos se vuelven tan importantes que una gran cantidad de niños inventan un amigo imaginario.

Para desarrollar una buena imagen de sí hay que sentirse aceptado y querido por los demás. Los niños se forman una imagen de sí mismos interactuando con otros niños. Los lazos sociales permiten saber que hay conductas deseables o reprobables.

En los niños más pequeños, los padres tienen más influencia que los amigos. En la primera etapa escolar, la influencia es la misma de ambas partes, pero en la adolescencia los padres tienen la menor parte. En este periodo se torna imposible para los padres controlar completamente la vida social de sus hijos porque no pueden ejercer ningún poder sobre los compañeros de la escuela ni sobre los vecinos. Sin embargo, conservan siempre un grado importante de influencia en su hijo, y pueden enseñarle algunas estrategias sociales.

La actitud de los padres con los niños y los adultos que están en torno a sus hijos tiene un efecto definitivo en la vida de éstos. Incluso la vida social de los padres influye en la sociabilidad de los hijos.

Mi hijo necesita tener amistades diferentes

La variedad en la estabilidad

Los niños pequeños necesitan tener relaciones muy estables. Esto les permite desarrollar sentimientos de confianza, como lo vimos en el primer capítulo. Pero también necesitan establecer relaciones diversas desde muy corta edad.

Hoy en día, en muchos lugares, casi la mitad de los niños son hijos únicos, por ello es cada vez más importante que los padres contribuyan a su socialización. Los centros de convivencia infantil, las guarderías, y los centros dedicados a madres e hijos, son lugares adecuados para aprender a convivir en grupo.

La experiencia nos muestra que hay dos tipos de niños que presentan dificultades para convivir grupalmente: los niños ansiosos e inseguros, y los impulsivos e inquietos. Ellos necesitan relacionarse con más frecuencia fuera de la esfera familiar.

Las actitudes sociales

Entre más pequeño es un niño, más se preocupan sus padres por protegerlo. El bebé necesita muchos cuidados porque no puede defenderse solo. El explorador también necesita protección porque acosa a los demás. El decidido debe aprender a administrar sus impulsos y a controlarse ante un grupo. El mago es un amigo interesante porque vive en un mundo imaginario, tiene una gran apetito de comunicación y siempre quiere jugar e inventar.

Hay que procurar que el pequeño esté en contacto con todo tipo de personas: los parientes lejanos, los amigos, los padres, la familia cercana, la gente común, los niños del vecindario, los primos y primas, etcétera.

Podemos decir que hay tres tipos de niños: 1) tímidos, 2) accesibles, 3) espontáneos. Su forma de ser se debe en parte a su código genético, en parte a la forma de imitar a sus padres, y en parte a experiencias anteriores (traumas, hospitalizaciones, miedos, etcétera).

Con el fin de mejorar la vida social de su hijo, cada padre debe prestar atención a las relaciones que tiene:

- con su familia (padres, hermanos y hermanas);
- con sus hijos e hijas;
- con su pareja;
- con sus compañeros de trabajo;
- con sus amigos y amigas;
- con la gente de otros lugares (en las reuniones escolares, en los deportes que practica, etcétera).

Si usted habla de su vida social, de sus amigos o parientes, de forma positiva; si usted planea y dice que un próximo fin de semana con la familia será lindo; o si usted prepara alguna presentación artística con mucho entusiasmo, entonces sus hijos desearán también convivir con otros y disfrutarán siempre esas ocasiones. En cambio, si usted critica siempre a sus compañeros de trabajo, si está de mal humor cada vez que alguien lo va a visitar, o si se rehúsa a salir de casa, sus hijos desconfiarán de los otros y huirán de relacionarse con alguien más.

Por supuesto que no se trata de cambiar radicalmente, se trata de pensar en la influencia que nuestras actitudes tienen sobre la vida social de nuestros hijos, porque ellos, incluso los bebés comprenden el lenguaje no verbal.

Mi hijo necesita confiar en su sociabilidad

Nuestro primer grupo social es la familia. Si el niño es parte de una familia tradicional, o con un solo padre, o recompuesta, tiene derecho a vivir relaciones cálidas.

El niño que tiene relaciones gratas en su familia asume de manera natural que los otros adultos y niños disfrutan estando con él; piensa que tiene lo necesario para hacerse querer y apreciar.

Las familias unidas

En nuestros días, ambos padres salen a trabajar todos los días, están muy ocupados, particularmente las madres. Hay investigaciones que muestran que en todo el mundo las mujeres trabajan más horas semanales que los hombres (80 contra 50), pero las mujeres que trabajan fuera del hogar rompen todas las marcas: ¡90 horas en promedio! La fatiga y la tensión están a la orden del día. En cuanto a los hombres, cada vez se les pide más que participen en las tareas y quehaceres de la casa, y que cuiden a los niños. Todo esto es muy positivo porque, de acuerdo con las investigaciones, muestra que los hombres que se encargan de sus bebés están más ligados a ellos y tienden a estar presentes en toda su educación. De hecho, los hombres tienen hoy más conciencia del papel que desempeñan, e incluso experimentan culpas por el desfase que hay, y que siempre habrá, entre la familia ideal y la familia real. Entonces, se puede decir, de forma general, que es posible tener relaciones familiares estrechas en el contexto social actual.

 Pregúntese si dedica suficiente tiempo a su hijo para:

- Darle cuidados físicos (bañarlo, peinarlo).
- Jugar.
- Hablar.

- Cuidarlo (en sus juegos, en su aprendizaje).
- Integrarlo en sus actividades (cocina, manualidades).
- Corregir sus malas conductas.
- Protegerlo (instalar un bloqueo en las escaleras, tomarlo de la mano en la calle).

Tome diariamente de 10 a 15 minutos para jugar con su hijo sin criticarlo y sin enojarse. Haga lo que él quiera hacer y dígale que disfruta mucho el tiempo que pasan juntos. Es esencial hacer cosas conjuntamente.

Cada familia tiene sus propios rituales sociales. Por ejemplo, hay familias que establecen que todas las fiestas son una buena ocasión para volver a ver a los parientes lejanos. Hay otras que aprovechan las vacaciones para estos encuentros. Las familias tienen también rituales más cotidianos: un cuento antes de dormir, rentar una película los sábados, comer algo especial los domingos, etcétera.

Los niños adoran los rituales, las fiestas, las sorpresas, los momentos íntimos, todo esto refuerza los lazos afectivos y deja que cada quien se sienta parte de un todo.

Relaciones fraternales armoniosas

Los hermanos representan una situación ideal para iniciarse en la vida grupal. Los pleitos entre hermanos son verdaderas pruebas para los padres, sobre todo cuando los niños son pequeños. Pero estas relaciones encierran otra realidad.

Se dice que desde los dos años, los niños escuchan los signos de aflicción de sus hermanos más pequeños y acuden a auxiliarlos más rápido que sus madres. A los cuatro o cinco años, los niños pasan dos veces más tiempo con sus hermanos que con sus padres. Treinta por ciento de los intercambios sociales entre hermanos y hermanas son de rivalidad, pero setenta por ciento son emotivos y de complicidad.

El bebé, al llegar a la familia, altera todo el equilibrio existente. Ocupa mucho espacio, acapara la atención y cambia las costumbres de todos los miembros. Es normal que el hermano mayor tenga celos, aunque usted lo haya preparado para la llegada del bebé. En el mejor de los casos, y después de una regresión temporal, decidirá ser un tercer padre y cuidará al bebé. En el peor, reaccionará violentamente ante las atenciones que el bebé recibe, ¿qué hacer en este caso?

Cuando los padres dan confianza a su hijo, siguen dedicándole tiempo, lo incitan a imitarlos y a ayudar; así, el hijo pasará a la etapa de adaptación social. Pero esto depende del estado psicológico de los padres y de las condiciones físicas y afectivas que prevalecen en la familia cuando nace el bebé. Éste también tendrá que adaptarse a sus padres y hermanos, si los hay. Se trata de una adaptación recíproca, que es la base de la vida social.

El explorador está consciente del impacto que causa sobre los otros. Se divierte mucho arrastrando objetos, dando besos o jalando cabelleras. Ejerce su recién estrenada maestría en motricidad.

El decidido es una verdadera peste para sus hermanos y hermanas. Les rompe sus dibujos, llora o grita por nada, no está en paz en la mesa, etcétera. Hay que reconocer que no es fácil convivir con él.

El mago es más sociable, pero le gusta estar en su mundo imaginario. Niño o niña, siempre quiere imitar a los mayores, y éstos se desesperan por ello. Como no tiene amigos, hostiga igual a sus padres que a sus hermanos o hermanas.

A la luz de estas breves descripciones, se puede constatar que la convivencia es difícil, esto es porque la vida en pareja es de por sí frágil, y la vida en común es una gran utopía. Para vivir en paz, cada uno debe tener su espacio vital. Aún si se está en un departamento pequeño, siempre se puede asignar a cada uno un espacio: un cajón de un mueble, un rincón de la sala, etcétera. Hay que procurar que cada quien tenga su espacio, su territorio sagrado, pues así se favorece la armonía familiar.

Para tener armonía hay que tratar a cada niño como una persona diferente. Muchos padres quieren evitar las rivalidades a tal grado que establecen una justicia igual para todos, entonces:

- Si le compran un suéter a María, le compran otro a Vicente.
- Si le dan una sorpresa a Santiago por sus logros en el jardín de niños, le dan también una a Sofía.
- Si compran un regalo de cumpleaños a uno, le dan otro más pequeño al otro.

De esta manera sólo acrecientan la rivalidad, aunque no lo quieran. La justicia distributiva es la más difícil de llevar, pero tiene la ventaja de reconocer que los hijos son amados por lo que son y en función de sus necesidades y personalidades. Es decir, que los padres tienen que mostrar a sus hijos que cada uno es diferente y que, en consecuencia, los tratarán de manera distinta.

También es importante tener reglas comunes claras, así evitaremos conductas desagradables, pero, atención, no se puede pedir a los niños de tres o cuatro años que arreglen sus diferencias, puesto que son incapaces de hacerlo porque no piensan nunca en los otros ni pueden reflexionar sobre las consecuencias de sus actos; además son impacientes. Los más pequeños aprenden la vida en común por imitación y condicionamiento. Aceptan las reglas por amor a sus padres, porque quieren ser amados y, simplemente, porque saben que así la vida es más grata. Entonces hay que establecer reglas claras y positivas (por ejemplo: "Si quieres jugar con tu hermana, pídeselo"). Si su hijo tiene menos de tres años y tiene un conflicto con su hermano o hermana, intervenga de acuerdo con la situación:

- Proponga cambios.
- Llévelo a otra habitación.
- Dígale de manera simple y concreta que desaprueba su comportamiento ("No quiero que muerdas a tu hermano").
- Déjelo solo unos minutos para que comprenda que no está de acuerdo con su actitud.

- Ignórelo y ocúpese del hermano que ha recibido la agresión.

Entre más pequeño es el niño, más importante es actuar en lugar de hablar. Si es mayor, es más importante usar las palabras. En la adolescencia, la discusión y la argumentación serán las únicas formas posibles de influir en él.

Mi hijo necesita desarrollar habilidades sociales

Las formas de lograr que el niño aprenda en familia le servirán más tarde en su vida grupal, sea en la escuela o con sus amigos. Cuando sea más grande y conviva con grupos más importantes, podrá desarrollar otras estrategias. Como estará en contacto con otros niños de personalidades y formas de vivir diferentes de las suyas, conocerá conductas que no siempre serán del gusto de sus padres.

A propósito del egocentrismo

- Los niños son egocéntricos hasta los siete u ocho años.
- Están centrados en su propio punto de vista y en sus percepciones inmediatas.

- Tienen muchas dificultades para percibir y considerar las necesidades y opiniones de los otros.
- Tienden a responsabilizar de sus errores a otros.
- No cuestionan sus opiniones.
- Hacen juicios basándose en un solo aspecto de la realidad.
- Generalizan a partir de un solo elemento o de una sola percepción. No se dan cuenta de sus contradicciones.
- Usan la misma estrategia ante los problemas.

Como podemos ver, ¡también hay muchos adultos egocéntricos!

Conductas a reforzar

Los padres deben ayudar a sus hijos a desarrollar su sociabilidad. Sin embargo, es importante que comprendan y acepten que no son capaces de hacerlo completamente, y que no hay que inquietarse ante este hecho: la vida es larga y siempre hay ocasiones de aprender.

 CONDUCTAS A REFORZAR EN LOS BEBÉS

- Prestar atención a las personas.
- Imitar gestos.

- Prestar atención durante algunos segundos; luego por unos minutos, cuando se le habla.
- Estar en contacto con otros niños.

También hay que tener en cuenta que un bebé de ocho o nueve meses teme a los extraños, y que esto le hará distinguir más tarde entre lo conocido y lo desconocido para que busque la compañía de personas que lo protejan.

CONDUCTAS A REFORZAR EN LOS EXPLORADORES
- Caminar para encontrarse con una persona.
- Jugar a las escondidillas.
- Usar algunas palabras para obtener las cosas que quiere.
- Estar con más niños.
- Jugar un poco con otros niños.
- Intentar hacer reír a otros.
- Imitar los sonidos, gestos y palabras de otros niños.

CONDUCTAS A REFORZAR EN LOS DECIDIDOS
- Expresarse para obtener objetos o favores.
- Estar con otros niños.
- Dejar que los otros niños tomen sus juguetes.
- Intentar hacer reír a otros.
- Imitar los gestos y las palabras de niños que estén o no presentes.
- Jugar con otros niños marcando una distancia razonable.

- Jugar con otros niños sin agredirlos para obtener sus juguetes.

CONDUCTAS A REFORZAR EN LOS MAGOS
- Expresarse para pedir juguetes o favores.
- Pedir ayuda a un adulto para resolver algunos problemas.
- Ser firme en sus decisiones y deseos.
- Jugar con los otros (aunque le sea difícil compartir).
- Tener en cuenta los deseos de los otros al elegir un juego (saber que cada quien tiene su turno).
- Ir con los demás.
- Reaccionar ante las agresiones de otros niños.
- Aceptar hacer intercambios ("Mi camión por tu pelota").
- Escuchar cuando alguien habla.

Condiciones para una vida social positiva
La vida en grupo requiere todo tipo de habilidades.

DESTREZAS VERBALES, CAPACIDAD DE:
- escuchar,
- expresarse,
- decir claramente sus preferencias y gustos,
- afirmarse verbalmente,
- argumentar,
- explicarse.

Destrezas intelectuales, capacidad de:
- observar una situación,
- analizarla,
- reflexionar sobre ella,
- proponer soluciones,
- usar la imaginación,
- crear nuevas soluciones,
- tener varios puntos de vista.

Destrezas para relacionarse, capacidad de:
- ponerse en lugar de los otros;
- ser introspectivo;
- entrar en relación con otros;
- hacerse querer;
- comprender a los otros;
- hacerse aceptar;
- contener sus impulsos;
- percibir las emociones de los otros;
- expresar sus emociones;
- tener en cuenta a los demás para tomar decisiones.

Cada uno de los padres tiene un papel que representar para ayudar a que su hijo desarrolle destrezas e interprete sus emociones. Los problemas de violencia e intolerancia están ligados al hecho de que los niños entienden mal las emociones de los demás; reaccionan violentamente porque temen ser agredidos o rechazados.

Cómo ayudar a su hijo a tener en cuenta a los demás

Hay que cultivar la empatía, la capacidad de ponerse en los zapatos de otros. Esta es una actitud esencial en la vida grupal. Los niños no tienen mucha empatía; sin embargo, es posible ayudarlos a tener actitudes que tomen en cuenta a los demás. El juego de "que tú eras..." es muy útil para esto.

Con los niños de 2 y 3 años se puede jugar al "que tú eras un animal", y también al "que yo era un niño". Podemos pedirle, por ejemplo, ser un niño orgulloso o un niño triste o uno curioso.

Cada vez que sea posible, hay que pedir al niño ponerse en el lugar de otro: "¿Te gustaría que te quitaran tu muñeca?", "¿Cómo te sentirías si tu amigo te consolara?" Esto no lo hará sentir culpable, hará que aprenda el sentido de la empatía. Por supuesto que no diremos al pequeño algo como: "Qué malo eres, mira cómo está triste tu amiga", sino: "¿Entiendes por qué llora tu amiga? Está triste porque le quitaste su juguete preferido."

El ser empático y reconocer las emociones de otros no debe influir en sostener una posición y afirmarse en un grupo. El juego de "cada quien su turno" es útil en este sentido.

Haga un juego con sus hijos. Compre un silbato y propóngales un juego grupal, un memorama, un rompecabezas sencillo, etcétera. Antes de comenzar, adviértales que cada uno tomará su turno cuando suene el silbato. Hágalo por cinco o diez minutos, será bastante para los pequeños.

El juego de "yo elijo" también es útil para los niños de cuatro o cinco años. Escoja un tema entre los siguientes:

- ¿Qué haremos hoy?
- Vamos a rentar una película, ¿tienen alguna sugerencia?
- Mi hermano quiere mi libro de dibujos.
- Mi hermana llora porque quiere jugar con mis amigos.

Tome el papel secundario (del padre, de la hermana, del hermano, del amigo o de la amiga). Estimule a su hijo a decir:"yo elijo...", y mantener su posición. Observe, guíe, señale las formas de mantenerse firme sin gritar ni golpear.

Usted debe saber que...

- Los niños nacen con un temperamento más o menos sociable.
- Los bebés toman conciencia de la presencia de otros niños a partir de los 18 meses.
- Los niños son más inhibidos que las niñas con la gente extraña.
- La vida social de los padres influye en la de sus hijos.

- Los lazos familiares estrechos favorecen la vida social de los niños.
- Es normal ser egoísta en la infancia.
- Los niños pueden aprender a interpretar sus emociones.
- Las relaciones de hermanos son fáciles la mayor parte del tiempo.
- Es posible enseñar estrategias de socialización a los niños.

Pregúntese si sus actitudes permiten que su hijo desarrolle el gusto de estar bien con los demás

- ¿Procuro todo aquello que permita que mi hijo tenga relaciones significativas y estables?
- ¿Hago que mi hijo esté en contacto con personas diferentes?
- ¿Facilito su vida social?
- ¿Dedico tiempo a mi hijo?
- ¿Hago que participe algunas veces en mi vida social?
- ¿He labrado relaciones estrechas con mi hijo?
- ¿Organizo rituales familiares que reafirman los lazos afectivos con mis hijos?
- ¿Doy a cada uno de mis hijos un espacio propio?

- ¿Trato a cada uno de mis hijos como alguien diferente y único?
- ¿Establezco reglas claras para facilitar las relaciones entre hermanos?
- ¿Recompenso la armonía?
- ¿Comprendo que mi hijo sea egocéntrico?
- ¿Impulso los comportamientos sociales que son propios para la edad de mi hijo?
- ¿Lo ayudo a desarrollar sus capacidades verbales, sociales y de relacionarse?
- ¿Lo ayudo a identificar sus emociones?
- ¿Lo ayudo a descubrir la empatía?
- ¿Lo ayudo a afirmarse?

Capítulo IV

PUEDO HACERLO

"¡Yo puedo solo!" Esta es la frase clave en un niño de dos años, pero si un bebé pudiera hablar, diría que puede sonreír, reír, ir y regresar gateando, balbucir, tomar un objeto y sacudirlo.

Los niños tienen muchas capacidades, y cada día más según crecen. Los padres se maravillan justamente de las proezas de sus pequeños. La energía vital que tienen es un motor formidable que los lleva a hacer cada vez más cosas y a comunicarse cada vez mejor. ¡Es la magia del crecimiento!

Los padres deben estar atentos, desde el nacimiento, a las capacidades de su hijo. Es importante que lo estimulen e inciten a hacer siempre un poco más, sin exagerar, claro, pues las exigencias en exceso pueden provocar desaliento. Pero, si los padres no exigen suficiente, el niño se sentirá incapaz de hacer cosas.

El sentimiento de competencia no puede desarrollarse sin la base de ensayo y error. Cuando una persona se niega a intentar algo porque no está segura de lograrlo, no podrá saber nunca si hubiera podido hacerlo o no. Lo importante es que se disocien lo más temprano posible en la cabeza del niño los errores y los fracasos. Para ello, los padres deben aceptar que su hijo comete errores y que así es como se aprende.

¿Qué tan ligado está el sentimiento de competencia y la sobreprotección de un niño? Aquí tenemos un gran desafío en la educación porque, ¿cómo proteger a un niño sin sobreprotegerlo?, ¿cómo ayudarlo a tener confianza en sí manteniendo toda la seguridad posible en torno a él?, ¿cómo estimularlo a intentar algo sin estarlo presionando demasiado? Cada padre tiene las respuestas a estas preguntas. Es posible encontrarlas observando amorosamente al niño, y en complementariedad con su madre o padre. Normalmente, la madre tiende a cuidar la integridad física del pequeño porque él estaba en su cuerpo y ella quiere protegerlo aún. El padre, en cambio, tiende a confiar en las capacidades de su hijo: "Vamos, tú puedes". Cuando los hombres lanzan al aire a su hijo, las madres no pueden evitar inquietarse. Por supuesto que hay madres que tienden a la acción y padres sobreprotectores. Lo importante, como siempre, es encontrar un equilibrio entre ambas partes.

Ser capaz y sentirse capaz son cosas distintas. Es esencial que el niño se sienta capaz aun cuando no haya sido capaz de hacer algo. Puede sentirse capaz en los siguientes ámbitos:

- En el plano físico: moverse, correr, andar en bicicleta, atrapar un balón, recortar.
- En el plano intelectual: comprender, hablar, razonar, memorizar.
- En el plano social: acercarse a los otros, compartir, hacerse querer, afirmarse.
- En el plano afectivo: relacionarse, llamar la atención, recibir afecto y darlo.

Es normal sentirse más capaz en un ámbito que en otro. El hecho de encontrar dificultades en algún plano no debe influir en las capacidades globales. Es importante, sobre todo, tener en cuenta que la sobreprotección es enemiga del sentimiento de competencia.

Mi hijo tiene logros

Para tener confianza en sí y creer que uno tiene capacidades, hay que obtener logros frecuentemente.

Intentar para conseguirlo

Aún cuando los niños necesitan rutinas y estabilidad, hay que animarlos a intentar nuevas metas, nuevas actitudes, nuevos hábitos, juegos, música, en fin, nuevas formas de expresión.

Habría que propiciarles nuevas experiencias:

- Ir a la guardería.
- Tener nuevos amigos.
- Viajar.
- Mirar diferentes programas de televisión.
- Ir a espectáculos.
- Visitar diversos lugares.

También se les puede estimular para intentar nuevos comportamientos:

- Gatear, caminar.
- Decir gracias, buenos días.
- Hacer diferentes tareas en un grupo: perseguir, dirigir, escuchar.
- Elegir cosas diferentes a las acostumbradas.
- Pedirle a la abuela que le cuente una historia o lo lleve de paseo.

El objetivo no es quitar estabilidad a los niños, pero hay que mostrarles que es interesante y agradable probar cosas nuevas.

Para quien desee crear condiciones que contribuyan positivamente en las siguientes etapas del desarrollo de su hijo, y así estimular su autoestima, el camino a seguir es simple: debe prever la próxima etapa de desarrollo del niño para darle un entorno favorable a su buen desenvolvimiento, y no hay que hacer las cosas en lugar de él.

Tomemos el caso del explorador (9 a 18 meses) para ver bien de qué se trata. Él comienza a ponerse de pie apoyándose en las sillas y muebles cercanos. Usted siente que pronto estará listo para mantenerse de pie algunos segundos sin apoyos, entonces debería realizar cosas que impulsen su autoestima y sus ganas de intentarlo; he aquí algunos ejemplos:

- Lo deja sostenerse de la silla con una mano y le toma firmemente la otra diciéndole: "bien hecho, muy bien".
- Toma las manos del niño, le suelta una y le dice: "¡bravo!"
- Lo incita a soltarse de la silla.
- Toma las manos del niño, las suelta por unos segundos y lo felicita, enseguida vuelve a tomar sus manos.

Las reacciones que usted tenga ante los obstáculos que pueda enfrentar su hijo influyen mucho en sus ganas de continuar intentando... y de lograrlo. Hay padres que, al ver que su hijo tiene dificultades para hacer tal o cual cosa, intervienen para ayudarlo o para hacer las cosas en su lugar: "Es muy difícil para ti, yo lo hago".

Algunas veces, el niño es muy poco realista. Quiere hacer cosas que son muy difíciles para él. Si no es peligroso, déjelo intentarlo. Él cometerá errores, entonces usted podrá decirle: "Está bien, lo intentaste, pero es muy difícil para un niño de tres años, pronto lo podrás hacer solo, ahora te voy a ayudar". No olvide decirle que es importante que lo haya intentado. A veces el niño lo logra, pero no siempre con los mejores métodos. A menos que esté en circunstancias excepcionales, como estar retrasado en la mañana, no haga cosas que él puede hacer. Déjelo intentar y propóngale volver a intentarlo de otra forma, sólo ofrézcale un método a la vez, felicítelo por intentarlo y por lograrlo.

Algunas veces el niño renuncia. Incítelo a empezar de nuevo, pero si no quiere no insista porque sentirá que usted está decepcionado de él. Cuando tenga la ocasión, resalte su deseo de aprender, no lo desaliente, él sentirá ánimo para intentarlo de nuevo. No se apresure a ayudarlo y no devalúe sus esfuerzos.

El que persevera, alcanza
Es muy normal equivocarse, pero dejar de intentar hacer algo no nos lleva a ninguna parte. Cuando cometemos un error, debemos intentar de nuevo, volver a empezar enseguida o más tarde; perseverar.

Los niños pequeños no son perseverantes. Su egocentrismo natural los lleva siempre a cometer los mismos errores y no corregirlos. Los padres deben estar cerca para mostrarle otros métodos y, sobre todo, para no tener miedo de volver a empezar.

El juego es un medio para hacerle entender al niño que hay muchas formas de proceder. Propóngale un juego que se resuelva de diferentes formas. Comience a jugarlo de la manera clásica, luego dígale que va a mostrarle otras formas de jugarlo. Deje que él exponga sus ideas, aunque no sean funcionales al juego. La finalidad es encontrar la mayor cantidad posible de formas de jugarlo.

También hay que mantener el entusiasmo del niño proponiéndole un objetivo excitante. Cuando se disfruta y se tiene entusiasmo, uno está listo para hacer cosas y soportar mejor las equivocaciones.

El juego de la búsqueda del tesoro permite cultivar el entusiasmo. Se trata de esconder un objeto sorpresa, un tesoro, en alguna parte de la casa, del jardín o del parque. Entre más pequeño es el niño, más sencillo debe ser el escondite para que no le lleve demasiado tiempo encontrarlo. Para suscitar el entusiasmo, haga interesante el juego dando pistas en un mapa, diciéndole "frío" o "caliente" según se acerque o aleje del objeto, etcétera. Sobre todo procure que cuando el niño encuentre el tesoro, encuentre también una felicitación a su perseverancia y su inteligencia.

Reconocer sus logros

Un pequeño tiene muchos logros en un día. Debe estar consciente de todos ellos para desarrollar su confianza. Si escucha que los adultos que lo rodean hablan todo el tiempo de sus errores, se sentirá devaluado. Hay que observarlo y subrayar sus logros, aunque sean pequeños, pero hay que ser cuidadosos de no convertir sus errores en aciertos sólo para hacerlo sentir bien.

Hay que evitar comparar a un niño con sus amigos, primos o hermanos y hermanas de la misma edad. De por sí él se compara con todos los que le rodean, y uno siempre encuentra comparaciones a favor y en contra. Cuando el niño se compara justamente, hay que confirmar su percepción y decirle, por ejemplo:

- "Es cierto que tu prima da más marometas que tú, pero tú eres muy rápido en las carreras."
- "Tus dibujos son más bonitos que los de tu hermano, enséñale cómo hacerlos."

Por definición, un niño es un ser en desarrollo. Lo que no puede hacer a los seis meses, lo hará al año o después. Lo que hace bien a los tres años, lo hará mejor a los cinco o seis. Pero si se niega a intentar algo con el pretexto de que no lo hará tan bien como la vecina o su primo, siempre pensará que aquello que representa sólo una falta de práctica es un error suyo; aquello que antes llamábamos orgullo mal entendido, hoy sabemos que es una falta de confianza en sí mismo.

Mi hijo necesita ser guiado a sus objetivos

Guiar a mi hijo

Para ayudar a un niño perfeccionista, a uno inseguro, desalentado o desmotivado, los padres deben hacer lo siguiente:

- Estar con él en un lugar agradable.
- Preguntar al niño qué quiere hacer, con el fin de ayudarlo a definir una meta.
- Ayudarlo a tener claro su objetivo.
- Procurar que se trate de una meta realista.
- Preguntarle qué va hacer en primer lugar.
- Preguntarle en qué puede ayudarle.
- Llevarlo por una etapa a la vez.
- Felicitarlo cada vez que haya completado una fase.
- No hacer las cosas por él, sólo ayudarlo un poco.
- Guiar al niño sin enojos, sin críticas y sin juicios.
- Felicitarlo cuando se acerque a la meta.
- Subrayar la manera en que el niño ha esperado para llegar al final.
- Detener la actividad para retomarla más tarde si el niño está cansado.

Lo estimulo a imitar a otros

Los niños aprenden mucho por imitación, miran a los otros niños y los imitan. Obviamente no sólo imitan las buenas conductas, ¡así es la vida! Sin embargo, hay que apoyar al niño:

- Proponiéndole ver a otros e imitarlos.
- Haciendo que tenga varios modelos buenos a imitar.
- Viendo programas televisivos en los que también haya niños que aprendan por imitación.

Impulsar su creatividad

La creatividad es, según el biólogo y psicólogo Jean Piaget, propia de bebés y niños. Así es, los bebés descubren a diario nuevas formas de hacer y de desarrollar habilidades. Por su parte, los niños emprenden muy seguido nuevas actividades. La creatividad es la capacidad de descubrir, inventar, innovar e imaginar el mundo; es la capacidad de encontrar métodos originales para resolver problemas y hacer que la vida sea más bella.

Es posible y deseable contribuir a la creatividad de los pequeños. En los bebés, favorece las iniciativas. En los exploradores y decididos, motiva usos originales de las cacerolas y cucharones, y provee ocasiones para innovar. La creatividad estimula fácilmente a los magos, pues hay que recordar que viven la edad de oro del imaginario.

Sugerencias

Aquí presentamos algunas sugerencias que le ayudarán a cultivar la imaginación de su hijo. Si usted quiere ejercitar su capacidad de escuchar e interpretar, tiene que estar tranquilo, ser paciente, estar disponible y ser positivo.

El universo inesperado
Con dos botes, una piedra y una ramita de trigo, los niños pueden crear un universo completo. Dele estos objetos a un mago (3 a 6 años). Pídale inventar la mayor cantidad posible de usos de todos ellos. Por supuesto que este juego puede hacerse con cualquier tipo de objetos.

Un invento sobre pedido
Con papel, cartulina, crayolas, pintura y tijeras, pida a su hijo representar:
- Un aparato que destruya fantasmas.
- Un automóvil volador.
- Todo tipo de objetos extraordinarios que usted imagine.

Juego de palabras
Diga una palabra y pida al niño que diga otra rápido, sin pensarla. Siga sin prejuicios.

Juego de sonidos

Haga que su hijo escuche varios sonidos y pídale que los identifique. Pídale hacer algunos o inventarlos con objetos o con la boca.

Un dibujo

Dibuje una línea sobre una cartulina o una hoja grande de papel, pida a su hijo hacer una igual. Sigan así, uno a la vez, buscando darle alguna forma al dibujo positivamente.

Una pócima mágica

Los niños adoran preparar bebidas mágicas con todos los ingredientes inofensivos que usted pueda darles. Déjelos hacer, asístalos, hable con ellos de las propiedades extraordinarias de sus pócimas.

Otras sugerencias

- Pruebe su propia originalidad. No tenga miedo de servir la sopa preferida de la bruja, o de disfrazarse de dinosaurio en la fiesta de su hijo.
- Felicite a su hijo si tiene una idea original.
- Ría con él de sus juegos de palabras, de sus ocurrencias e inventos.
- Haga que un error sea una experiencia inolvidable positivamente.
- Discuta dando todo tipo de soluciones a los problemas.

Mi hijo necesita jugar

Los niños deben jugar, pero ¿qué es jugar? Los especialistas tienen varias definiciones de juego, pero todos están de acuerdo en que un juego debe contener las siguientes características:

- Ser placentero.
- No tener una finalidad precisa.
- Ser espontáneo y elegido libremente.
- Tener participación activa y dedicada.
- Ser diferente de otros tipos de aprendizaje.
- Ser absolutamente divertido.
- Ser real e imaginario al mismo tiempo.

Sólo quiere jugar

El mundo está invadido por los juegos llamados educativos. Se diría que los niños sólo pueden jugar y que cada juego debe contener un objetivo pedagógico. Hay que recordar que una de las características del juego es la de ser espontáneo y sin meta precisa.

A los niños les encanta jugar y aprender, hasta el juego más simple les hace aprender algo. Jugar es una forma de aprender la vida y de integrar a ella lo aprendido. El juego no debe estar siempre dirigido, organizado o regido por los adultos. Entre más organicen los juegos los padres, los niños serán menos inventivos y no crearán juegos que les permitan integrar todos sus conocimientos para adaptarse con sus propios medios al universo de los adultos.

 ¿Conoce bien los diferentes juegos de su hijo?

- Juegos de exploración del cuerpo (chupar los dedos de los pies, masturbarse, etcétera).
- Juegos físicos (correr, trepar, lanzar, etcétera).
- Juegos intelectuales (memorizar, leer, ver algún programa educativo).
- Juegos simbólicos (representación de papeles, construcción, muñecas, soldados, etcétera).
- Juegos de creación (dibujar, tocar música).

Un niño mayor tendrá juegos más simbólicos y creativos que otro que sea más pequeño. Cerca de los siete años (la edad de la razón), sus juegos comienzan a requerir reglas y, más tarde, estarán centrados en las competencias físicas entre varones, o en las capacidades de relacionarse entre niñas.

Puede jugar solo
La capacidad de estar solo no es general en los niños, ni de los adultos. Para estar bien cuando se está solo hay que tener una sensación de seguridad, estar convencido de que, si uno quiere, pue-

de estar con otras personas, y también disfrutar haciendo cosas sin ayuda y sin testigos.

Algunos niños tienen un temperamento más sociable y necesitan tener gente alrededor. Hay otros que no son capaces de jugar solos porque en realidad no han tenido nunca la oportunidad de hacerlo o porque son muy inquietos, o también porque sus padres se preocupan si los dejan jugar solos.

Es frecuente que a los primogénitos no les guste jugar solos. Sus padres se sienten obligados a mantenerlos ocupados, a responder a todas sus invitaciones y a ser frecuentemente sus compañeros de juego.

De acuerdo con la edad del niño, hay que dejarlo experimentar la soledad.

El bebé puede entretenerse solo en su cuna si uno no llega a toda prisa tras el primer grito.

El explorador se inquieta cuando está solo. Necesita ver o escuchar a su padre, madre o niñera para sentirse tranquilo. Los padres pueden estimular su capacidad de jugar solo dejando sus ocupaciones y prestándole atención sólo con el oído.

El decidido disfruta las actividades que son vigiladas por sus padres, y que éstos reaccionen ante el silencio. El decidido es el campeón en todas las categorías de experimentación con los disgustos de los padres. Se puede estimular a un decidido a jugar solo poniendo a su disposición juguetes grandes y redondos (para evitar lesiones), y manteniéndose a una distancia suficiente para no perderlo de vista. Felicítelo cuando se divierta solo, vigílelo en forma constante pero por lapsos breves.

El mago tiene llave del mundo de la imaginación. El varón es casi siempre más inquieto y más motriz que la niña en sus juegos. El mago necesita amigos, pero también debe aprender a jugar solo algunas veces. Para hacerlo, hay que darle material que incite a la creación (hojas, lápices de colores, instrumentos de música de juguete, pedazos de tela, etcétera) y proponerle un tema si él no encuentra uno. Déjelo jugar a su manera.

Mi hijo desarrolla el sentimiento de poder

Sobre las personas

Los padres son seres todo poderosos para los niños, a quienes les encanta darse cuenta de que ejercen algún poder sobre ellos porque los hace sentir grandes y aptos.

Los bebés tienen el poder de hacernos levantar cuatro o cinco veces en la noche, confinarnos en casa cuando están enfermos, mantenernos embobados si sonríen, si pronuncian sus primeras palabras o si intentan imitarnos.

Los exploradores tienen el poder de hacernos caminar durante horas con ellos to-
mados de nuestros dedos. Son capaces de
hacernos correr por evitarles un accidente.
Nos pueden conmover y sorprender.

Los decididos tienen el poder de convertirnos
en caballo (sobre todo en los centros comer-
ciales), y complacernos usando su bacinica.
También pueden retrasar nuestra salida en la
mañana por atender algo que quieren.

Los magos tienen el poder de deslumbrarnos
con sus palabras infantiles y aturdirnos con sus
preguntas. Pueden inventar y hacernos parte
de sus historias. También tienen el poder de
manipularnos y seducirnos.

Los niños desarrollan su sentido de competencia cuando se dan cuenta de que hay unas formas mejores que otras para obtener lo que quieren de los adultos. Corresponde a estos últimos
definirlas.

Los padres que quieren mostrar a su hijo que
son ellos quienes tienen todo el poder aminoran
su sentido de competencia, ¿cómo va a influir en
sus amigos, sus maestros o colegas en la vida? Se
sentirá siempre incompetente en sus relaciones.

Aquellos que dejan todo el poder a sus hijos
también aminoran su sentido de competencia
porque entonces tendrá un sentimiento de todo
poderoso que le hará entorpecer sus relaciones
sociales. Será rechazado o agredido.

Quienes asumen su poder como adultos y padres permitiendo que el niño influya sobre ellos algunas veces podrán desarrollar justamente su capacidad de competir.

Los niños ejercen su poder no sólo sobre sus padres, también sobre sus hermanos, hermanas, niñeras, amigos, abuelos, vecinos, etcétera. Esto es normal, pero cuando los niños abusan de su poder, los padres deben manifestar su desaprobación y redimir a la víctima.

Sobre las cosas

Seguramente les ha pasado que se sienten frustrados ante un objeto que se les resiste: una llave que gotea sin parar, un automóvil que no enciende, o una parrilla que no tuesta. Es muy probable que haya proferido maldiciones al objeto en cuestión por ser responsable de la situación, como si él tuviera la voluntad de echarnos a perder el momento. Uno no puede aceptar simplemente que no tiene ningún poder sobre ese objeto. El fenómeno de atribuir intenciones a un objeto se llama *animismo*.

Es natural que los niños tengan un pensamiento animista hasta los ocho años, más o menos. Las frases infantiles que tanto nos maravillan vienen de ideas de este tipo:

- ¿Le duele a la hoja cuando la arranco de mi cuaderno?
- ¿Por qué el sol me sigue todo el tiempo?

Cuando se tiene la idea de que todos los objetos tienen voluntad o propiedades humanas, no se puede evitar sentirse impotente ante ellos. Por ejemplo, si el niño piensa que su botón no quiere entrar en el ojal, decidirá esperar a que quiera hacerlo. Sin destruir la imaginación del niño y sin privarlo de la poesía de sus imágenes, los padres pueden ser parte del juego para devolverle el poder a su hijo: "Vamos a enseñarle a tu botón a entrar en el ojal". El niño que se da cuenta de que tiene poder sobre los objetos (por supuesto un poder limitado) desarrolla más rápidamente confianza en sí mismo.

Entre más querido sea un objeto para un niño, más será parte suya. Su osito, por ejemplo, no puede separarse de él, lo trae por todas partes y le da un poder casi mágico; es un objeto de transición que representa la seguridad que le da papá o mamá. Cuando el niño se separa de él, los padres saben que ha madurado y que será más autónomo.

Es normal que los bebés, los exploradores y los decididos sean muy unidos a ciertos objetos. Recuerde que el sentimiento de seguridad es la base de la autoestima. De los tres a los cinco años, los niños desarrollan una seguridad interior que les permite dejar la exterior. Esto sucede gradualmente, aunque el ritmo no es el mismo para todos.

Mi hijo está contento de tener responsabilidades

Hasta a los niños más pequeños, de 2 o 3 años, les gusta ayudar a sus padres porque les da la idea de ser importantes. Aunque los padres no siempre tienen ganas de recibir esta ayuda porque muchas veces implica alguna demora en su trabajo.

Permita que su hijo le ayude algunas veces. Préstele un pañuelo para que le ayude a sacudir el polvo, deje que su hija le ayude a regar las plantas, y permita que su pequeño mezcle la harina para el pastel. Dé responsabilidades sencillas a su hijo de cuatro o cinco años: poner su plato en el fregadero, hacer su cama, acomodar sus juguetes, colgar el teléfono, etcétera.

Insista en la importancia de la tarea y recompense los esfuerzos de su hijo. Las recompensas en tiempo y juegos son más apreciadas que las de dinero u objetos.

Usted debe saber que...

- Los niños necesitan estar protegidos, no sobreprotegidos.
- Sobreproteger a un niño aminora su autoestima.
- Es importante hacerlo tomar conciencia de sus logros.
- La creatividad es un medio para desarrollar una buena imagen de sí.
- La perseverancia se aprende.

Pregúntese si sus actitudes permiten que su hijo desarrolle un sentimiento de competencia

- ¿Propongo regularmente nuevas experiencias a mi hijo?
- ¿Lo incito a probar cosas nuevas?
- ¿Conozco suficientemente a mi hijo como para prever las siguientes etapas de su desarrollo?
- ¿Lo impulso a ir un paso adelante de su desarrollo?
- ¿Le muestro mi satisfacción por sus intentos?
- ¿Lo estimulo a volver a empezar si no logra algo en un primer intento?
- ¿Cultivo su entusiasmo?

- ¿Lo felicito por sus logros, aunque sean pequeños?
- ¿Lo felicito cuando lo merece?
- ¿Sólo comparo a mi hijo con él mismo?
- ¿Subrayo no sólo sus logros sino también la forma en que los obtuvo?
- ¿Lo incito a imitar a otros niños?
- ¿Apoyo sus inventos e innovaciones?
- ¿Estimulo su creatividad?
- ¿Lo ayudo a saber que tiene poder sobre las personas?
- ¿Le doy responsabilidades sencillas?
- ¿Le muestro que estoy orgulloso de él?

CONCLUSIÓN

Los padres son los indicados para favorecer la autoestima de su hijo y, sobre todo, para ayudarlo a tener confianza en sí mismo.

Hay niños que tienen un temperamento sencillo y se mueven por la vida como peces en el agua, pero hay otros de temperamento difícil que deben primero aprender a nadar para después disfrutar del agua.

No hace falta recordar una vez más que los padres son muy importantes para los niños, y que sus actitudes tienen una influencia fuerte sobre ellos. Sólo es necesario hacerlo para subrayar que los niños tienen un papel que representar en la gran sinfonía de la vida.

Los padres no pueden hacerlo todo, pero su papel es vital. Les corresponde afinar los instrumentos musicales, escoger la melodía propia para sus aprendices de músico, organizar las repeticiones, multiplicar los ejercicios de práctica, dar márgenes de error, en fin, orquestar todo con la mayor destreza posible. Más tarde, ¡que venga la música! A veces será una balada sencilla; otras, una pieza endiablada; no importa, porque para cada miembro de esta orquesta lo esencial consiste en hacer de cada pieza una obra original.

Usted puede ayudar a su hijo a leer su propia música. Si él está a gusto consigo mismo, si tiene el sentimiento profundo de ser amable y la convicción de ser capaz, si está cómodo con los otros y puede proyectarse en un futuro teniendo fe en sí y esperando lo mejor, usted habrá cumplido su trabajo de maestro.

Más tarde, cuando su hijo tenga siete u ocho años, tendrá un juicio positivo de sí mismo sin perder la conciencia de sus dificultades. Sabrá tocar de la mejor manera su instrumento y, si las vicisitudes lo llevan a dar una mala nota, recuperará pronto el ritmo.

En la introducción de este libro nos preguntábamos de qué manera los padres podrían contribuir a la buena autoestima de los pequeños, y dijimos que la respuesta se encontraba simplemente en el hecho de vivir con ellos cuidando tener siempre presentes las seis palabras clave: *placer, amor, independencia, amor propio* y *nobleza*. Estas seis palabras son como las primeras notas de la gama que el niño tocará en la vida. La séptima nota la descubrirá él mismo, dentro de él, y la integrará a su obra musical para hacer algo único en el mundo: su propio maestro.